碳税、规模经济与重工业产业组织结构的调整：以钢铁业为例

TANSHUI, GUIMOJINGJI YU ZHONGGONGYE CHANYE ZUZHI JIEGOU DE TIAOZHENG: YI GANGTIEYE WEILI

陈明生 著

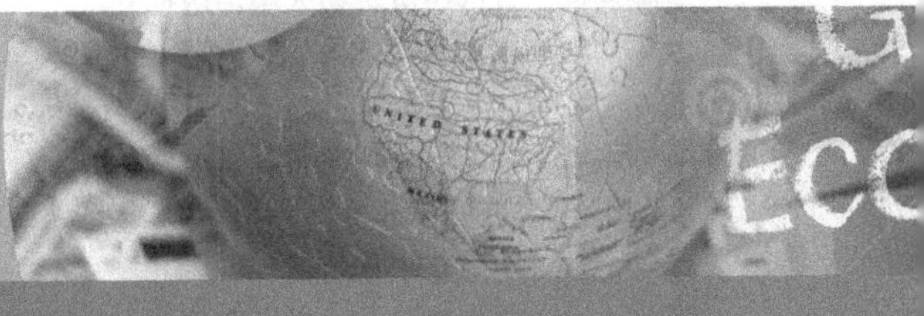

首都经济贸易大学出版社
Capital University of Economics and Business Press
·北京·

图书在版编目(CIP)数据

碳税、规模经济与重工业产业组织结构的调整:以钢铁业为例/陈明生著. —北京:首都经济贸易大学出版社,2016.8

ISBN 978-7-5638-2553-0

Ⅰ. ①碳… Ⅱ. ①陈… Ⅲ. ①节能—税收政策—研究—中国 ②重工业经济—规模经济—工业结构调整—研究—中国 Ⅳ. ①F812.422 ②F426.42

中国版本图书馆 CIP 数据核字(2016)第 208314 号

碳税、规模经济与重工业产业组织结构的调整:以钢铁业为例
陈明生 著

责任编辑 刘欢
封面设计 风得信·阿东 FondesyDesign
出版发行 首都经济贸易大学出版社
地　　址 北京市朝阳区红庙(邮编 100026)
电　　话 (010)65976483 65065761 65071505(传真)
网　　址 http://www.sjmcb.com
E-mail publish@cueb.edu.cn
经　　销 全国新华书店
照　　排 北京砚祥志远激光照排技术有限公司
印　　刷 北京京华虎彩印刷有限公司
开　　本 710 毫米×1000 毫米 1/16
字　　数 184 千字
印　　张 10.75
版　　次 2016 年 8 月第 1 版 2017 年 6 月第 2 次印刷
书　　号 ISBN 978-7-5638-2553-0/F·1432
定　　价 32.00 元

前　言

中国的能源浪费、环境污染问题越来越严重，不但影响人民生命健康、吞噬经济发展成果，也使中国在国际上面临空前的减排压力。重工业的过快增长被认为是中国节能减排形势严峻的重要原因。在此背景下，中共十七届五中全会明确了要开征环境保护税，十八届三中全会提出要完善税收制度，推动环境保护费改税。虽然征收碳税在中国还没有列入规划，但很多学者对征收碳税的效应、碳税征收与产业结构的关系、碳税征收方案及配套措施等进行了研究。

征收碳税将提高企业的运营成本，对经济增长造成负面影响；而中国正处在工业化和现代化的进程中，中共十八大认为，以经济建设为中心是兴国之要，发展仍是解决中国所有问题的关键。为此，一些学者提出了税收收入中性原则，但给予能源密集型产业碳税优惠或豁免又可能达不到节能减排的目标。在碳税征收及税率确定上集中反映了中国面临的或者促减排或者保增长的两难困境。

征收碳税的影响不应仅是增加了企业的成本，它能使企业的环境外部成本内部化，促使产业系统发生结构性的变化，如果主动进行结构调整，碳税征收可能成为产业尤其是重工业发展的新契机。本书以规模经济理论作为分析框架，深刻把握碳税征收、企业经济效益、能源效率、规模经济与重工业产业组织结构调整之间的关系，研究不同碳税方案对钢铁业不同企业的影响，提出钢铁业碳税征收和产业组织结构调整相配合的对策，具有重要的理论和实践价值。实践上，本书深刻把握中国重工业产业集中度低从而能源利用效率低的现实，把握重工业碳税承担能力与其规模经济效应之间的关系，以及规模经济与产业组织结构间的关系，根据产业尤其是企业对碳税承受的能力来确定合理的碳税税率水平，使碳税征收成为促进产业组织结构调整的杠杆，提高重工业能源使用效率和节能减排水平，最终使国家走出或者保增长或者促减排的两难困境。理论上，以规模经济理论作为分析框架，研究碳税征收、企业经济效益、能源效率、规模经济与重工业产业组织结构调整的关系，对于发展碳税效应理论、产业组织结构理论和可持续发展理论具有重要的意义。

本书共7章:

第1章是导论,阐述本书的研究意义,对已有研究进行综述,提出本书的研究思路、研究内容、研究方法和创新之处。

第2章阐述单位GDP(国内生产总值)能耗的影响因素及其相互关系。对单位GDP能耗的影响因素进行分解,包括直接影响因素(与能源消费过程有关的因素)和间接因素(包括经济增长与发展、自然环境),间接因素通过直接因素起作用。对直接因素、间接因素做进一步的分解。对单位GDP能耗各影响因素的关系进行分析,主要的关系包括效率因素与产业结构之间的关系,经济增长及发展与效率因素的关系,经济增长及发展与产业结构的关系,自然条件与产业结构的关系。就结构因素和效率因素对产业节能目标影响进行实证研究。

第3章对规模经济进行理论及实证研究。由于重工业具有典型的规模报酬递增的特点,规模经济理论可以成为本书研究的理论基础。检索已有关于规模经济的文献,准确把握规模经济的内涵,探寻规模经济的来源。根据系统论的观点,规模经济来源于生产要素在企业内聚集的规模和结构。以钢铁业34家上市公司作为样本,利用DEA(Data Envelopment Analysis,数据包络分析)方法,研究这34家企业的规模有效性。

第4章研究碳税征收、规模经济与重工业产业组织结构的变化。梳理规模经济与产业组织结构关系的文献,从理论上探寻规模经济与重工业产业组织结构的关系:规模经济是重工业产业组织结构变化的动力,产业组织结构(提高产业集中度)是规模经济产生的前提。规模经济可以通过扩大生产要素在企业内聚集的规模即提高产业的集中度与优化生产要素在企业聚集的结构(确定企业的合理边界、优化企业内部分工结构、优化关联企业间的关系)获得。研究碳税征收如何提高产业集中度,从而使产业获得规模经济效益。

第5章对碳税征收、规模经济与能源效率的变化之间的关系进行研究。深入分析碳税征收、规模经济与能源效率的关系:碳税征收会增加企业的能源成本;即使规模收益不变,碳税征收通过要素替代、能源替代、推动技术进步等方式也能促进能源效率的提高;考虑规模经济的因素,碳税征收通过推动固定资产更新、技术进步和要素效率的提高,能较大幅度地提高产业的能源使用效率。

第6章分析了不同碳税方案对钢铁企业经济效益的影响。先研究碳税征收对整个钢铁产业的影响,分10元/吨、20元/吨、30元/吨和50元/吨4种碳税方案对于钢铁业的影响进行分析。随后选择 10 家企业作为样本，就三种碳税方案对于企业经济效益的影响进行分析：先确定碳排放量的估算方法和不同的碳税方案。本书以二氧化碳的估算排放量作为计税依据，二氧化碳排放量 = 化石燃料消耗量 × 排放系数（化石燃料消耗量是指企业在生产经营中实际消耗的产生 CO_2 的化石燃料）。我们设计三种碳税征收方案，即 10 元/吨、20 元/吨和 30 元/吨。之后，研究不同碳税方案对于样本企业经济效益的影响。在 10 家样本企业原有财务数据的基础上，按照企业全年二氧化碳排放的估计量，分别研究三种碳税方案下各企业经济效益的变化。

第 7 章提出了钢铁业碳税征收和重工业产业组织结构调整相互配合的对策建议。研究美国和日本钢铁业产业集中度、能源效率的变化。借鉴美国、日本的经验教训，综合考虑中国产业集中度、不同碳税方案对企业的影响、具有不同规模效率的企业对于碳税的承受力，确定合理的碳税税率，使碳税成为促进钢铁业产业集中度提高的最有力的杠杆。提出促进产业组织结构调整的其他对策，包括企业兼并、重组的对策建议，借鉴日本经验提出促进建立以大企业为中心的下承包制的对策建议。

目 录

1 导论

1.1 问题的提出

改革开放以来，中国经济增长取得了伟大的成就，1978 年至 2015 年，中国 GDP 平均增长率为 9.67%（见表 1－1）。到 2015 年，中国 GDP 总量达到 676 708 亿元（国家统计局，2015）。

表 1－1 1978—2015 年中国 GDP 增长率

年份	1978	1979	1980	1981	1982	1983	1984	1985	1986	1987	1988	1989	1990
增长率（%）	11.7	7.6	7.8	5.2	9.1	10.9	15.2	13.5	8.8	11.6	11.3	4.1	3.8
年份	1991	1992	1993	1994	1995	1996	1997	1998	1999	2000	2001	2002	2003
增长率（%）	9.2	14.2	14.0	13.1	10.9	10.0	9.3	7.8	7.6	8.4	8.3	9.1	10.0
年份	2004	2005	2006	2007	2008	2009	2010	2011	2012	2013	2014	2015	平均
增长率（%）	10.1	11.3	12.7	14.2	9.6	9.2	10.4	9.5	7.7	7.7	7.4	6.9	9.67

数据来源：《中国统计年鉴》（2015），国家统计局官方网站 http://www.stats.gov.cn/tjsj/ndsj/2015/indexch.htm。

随着中国经济的发展，中国的环境污染和生态恶化问题也越发严重。根据《国务院关于 2015 年度环境状况和环境保护目标完成情况的报告》，2015 年，全国环境质量虽进一步改善，但环境污染重、生态受损大、环境风险高等问题仍然突出。第一，空气质量。全国 338 个地级及以上城市中，有 73 个城市达标，占 21.6%；优良天数比例 76.7%，重度及以上污染天数比例 3.2%；细颗粒物（PM2.5）年均浓度 50 微克/立方米，超标 42.9%，可吸入颗粒物（PM10）年均浓度 87 微克/立方米，超标 24.3%；二氧化硫（SO_2）、二氧化氮（NO_2）、臭氧（O_3）、一氧化碳（CO）年均浓度分别为 25 微克/立方米、30 微克/立方米、134 微克/立方米、2.1 毫克/立方米，均达标。第二，水环境质量。全国地表水达到或好于Ⅲ类水质的国控断面比例为 64.5%。开展监测的地级及以上城市集中式水源地中，有 92.6% 地表水型饮用水水源地达标，86.6% 地下水型饮用水水源地达标。第三，土壤环境状况。全国土壤总的点位超标率为 16.1%，其中轻微、轻度、中度和重度污染点位比例分别为 11.2%、2.3%、1.5% 和 1.1%，耕地土壤点位超标率为 19.4%。长三角、珠三角、东北老工业基地等部分区域土壤污染问题较为突出，西南、中南地区土壤重金属超标范围较大。第四，生态环境状况。2015 年完成的全国生态环境十年（2000—2010 年）变化调查评估结果显示，全国森林、湿地、草原生态系统面积有所增加，土地沙化面积减少 6%，石漠化面积减少 4.7%；自然海岸线长度减少 10.5%，海岸带自然湿地减少 14.9%。国家开展生态环境质量考核的 512 个县中，105 个变好，66 个变差。

环境污染不但严重影响中国人民生命健康，还吞噬着中国经济发展的成果。而随着中国成为世界上最大的温室气体排放国之一，正如 2009 年哥本哈根世界气候大会的进程表明的那样，中国在减排方面已面临空前的国际压力。中共十八大指出：建设生态文明，是关系人民福祉、关乎民族未来的长远大计。面对资源约束趋紧、环境污染严重、生态系统退化的严峻形势，必须树立尊重自然、顺应自然、保护自然的生态文明理念，把生态文明建设放在突出地位，融入经济建设、政治建设、文化建设、社会建设各方面和全过程，努力建设美丽中国，实现中华民族永续发展。中共十八届三中全会提出要建设生态文明，必须建立系统完整的生态文明制度体系，实行最严格的源头保护制度、损害赔偿制度、责任追究制度，完善环境治理和生态修复制度，用制度保护生态环境。

高投入、高消耗、高污染的重工业的快速增长被认为是中国节能减排形势严峻的重要原因。中国从 2000 年起进入了重工业化阶段，根据各年《国民经济和社会发展统计公报》数据，2000—2012 年，中国工业增加值的平均增长率为 10.7%，其中，重工业增长率要明显快于轻工业增长率，以规模以上企业为例，重工业增加值增长率为 14.9%，快于轻工业 12.6% 的增长率（见表 1-2）。在这种情况下，有学者提出要抑制中国重工业的过快发展来促进节能减排和环境保护。张炎治（2009）认为，产业结构调整是降低能源强度的物质基础，在中国目前的发展阶段，以产业结构调整实现节能仍是一个重要手段，要严格控制工业、重工业的发展速度和规模，提高高耗能行业的进入门槛，将能耗多、污染大、效益低的企业“拒之门外”，切实转变经济增长方式。吴琦、武春友（2010）认为，要从两个方面进行产业结构调整：一要大力扶持和发展第三产业，从而不断提高第三产业在国民经济中的比重，二要继续遏制高耗能产业的过快增长，以降低第二产业的比重。

表1-2 中国工业、规模以上重工业及轻工业增加值增长率

年份	2000	2001	2002	2003	2004	2005	2006
工业增加值增长率（%）	9.9	8.9	10.2	12.6	11.5	11.4	12.5
规模以上重工业增加值增长率（%）	13	11.1	13.1	18.6	18.2	17.0	17.9
规模以上轻工业增加值增长率（%）	9.5	8.6	12.1	14.6	14.7	15.2	13.8
年份	2007	2008	2009	2010	2011	2012	平均
工业增加值增长率（%）	13.5	9.5	8.3	12.1	10.7	7.9	10.7
规模以上重工业增加值增长率（%）	19.6	13.2	11.5	16.5	14.3	9.9	14.9
规模以上轻工业增加值增长率（%）	16.3	12.3	9.7	13.6	13.0	10.1	12.6

数据来源：2000—2012年《国民经济和社会发展统计公报》。

抑制重工业的发展固然能促进节能减排，但中国正处在工业化和现代化的进程中，重工业化是中国发展过程中一个不可逾越的阶段，靠抑制重工业的发展来达到节能减排的目的必将危害国家的经济发展和经济安全。中共十八大认为，以经济建设为中心是兴国之要，发展仍是解决中国所有问题的关键；只有推动经济持续健康发展，才能筑牢国家繁荣富强、人民幸福安康、社会和谐稳定的物质基础。

在此背景下，实践界和理论界提出了促进节能环保的其他措施，包括征收环保税、排放交易等。中共十七届五中全会对积极构建有利于转变经济发展方式的财税体制提出了要求，明确要开征环境保护税。中共十八大提出要加强生态文明制度建设，积极开展节能量、碳排放权、排污权、水权交易试点。十八届三中全会提出要完善税收制度，推动环境保护费改税。学者们也对环境税的效应、作用机制、征收方案等进行了大量的研究。虽然征收碳税在中国还没有列入规划，但很多学者对于征收碳税的效应、碳税征收与产业结构的关系、碳税征收方案及配套措施等进行了大量研究。

征收包括碳税在内的环保税，无疑将增加企业的直接生产成本，从而对经济增长造成负面影响（魏涛远等，2002；苏明等，2009；王金南等，2009）。为此，一些学者提出了税收中性及给予某些产业税收优惠的配套措施（碳税课题组，2009；张晓盈、钟锦文，2010），但优惠或豁免过多又可能导致达不到节能减排的目的。李传喜（2010）研究了发达国家碳税优惠政策，认为需要借鉴其税收优惠政策过多过滥，特别是对排碳大户税收优惠豁免过

多、影响实际节能减排效果的教训；中国开征碳税要避免重蹈发达国家碳税优惠政策过多过滥、影响实际减排效果的覆辙，对排碳大户不但不能豁免碳税，而且要重点关注并利用碳税和财政补贴手段促进企业节能减排，转变生产方式。上述思考及顾虑表明在碳税征收上中国确实面临或者促减排或者保增长的两难困境。

对单个企业而言，如果其他条件不变，企业使用的能源数量不变，那征收碳税必然增加企业的生产及运营成本。但即使从静态的角度出发，征收碳税对于不同企业的影响肯定是不同的，而不同企业对于碳税征收的承受能力也不同。小企业一般使用技术水平较低的生产设备，生产中难以产生规模经济效应，能源效率较低，产品附加值低，利润率低，风险承担能力较差，一旦征收碳税，企业必然承受较大压力，一些企业甚至会破产。一旦部分小企业停产，此时如果产品需求不变，其释放出的需求必然由大中型企业来满足，而大中型企业一般使用更先进的设备，生产中具有规模经济效应，能源利用效率比小企业更高；因此，从整个产业的角度出发，征收碳税必然会使产业内出现结构性变化，即产业组织结构发生变化，整个产业能源效率得到提高，产业的劳动生产率得到提高，这对于产业的发展是有利的。同时，由于产业的能源密集度不同，碳税征收对于不同产业的影响也不同，或者说碳税征收对于不同的产业提供了不同的发展机遇，会促进能源密集度低的产业发展，而抑制能源密集型产业的发展，最终使整个社会的能源效率得到提高。

可以看出，碳税征收对于产业发展的影响分为两个方面：一方面会加重企业的税收负担，使企业的效益下降，从而损害企业及产业的发展；而另一方面，从动态的角度看，碳税征收会优化产业组织结构和产业结构（产业构成），从而有利于产业的发展。如果我们在征收碳税的时候辅以结构调整的政策，主动促进产业组织结构的优化和产业构成的优化，不但能够尽可能抑制碳税征收的负面影响，而且能够使碳税征收成为产业发展的新契机。碳税征收能够成为产业发展的契机，是规模经济效应在起作用：由于大企业在生产中存在规模经济效应，碳税征收会淘汰部分小企业，导致产业组织结构发生变化，使产业规模经济效应增大，进一步提高企业收益和能源效率。这一机制的存在，使我们能够提出碳税征收和产业组织结构调整相结合的对策，为走出或者保增长或者促减排的两难困境奠定基础。

本书以规模经济理论作为分析框架，深刻把握碳税征收、企业经济效益、能源效率、规模经济与重工业产业组织结构调整之间的关系，研究不同碳税方案对钢铁业具有不同规模经济效益的企业的影响，提出钢铁业碳税征收和产业组织结构调整相配合的对策，具有重要的理论和实践价值。实践上，我们深刻把握中国重工业产业集中度低、从而能源利用效率低的现实，把握重工业碳税承担能力与其规模经济效应获得之间的关系，以及规模经济与产业组织结构间的关系，根据产业尤其是企业对于碳税的承受能力来确定合理的碳税税率水平，使碳税征收成为杠杆促进产业组织结构的调整，提高重工业能源使用效率和节能减排水平，最终使国家走出或者保增长或者促减排的两难困境。

可持续发展已经成为时代的潮流，在促进经济增长的同时保护好已很脆弱的环境，成为发展中国家发展过程中面临的严峻课题。对于那些正致力于实现工业化和现代化的国家，着眼于充分利用已有的技术水平、自然资源，利用好规模经济效应，提高资源、能源的利用效率，同时实现节能减排和经济增长是有可能的。这对产业结构尤其是重工业产业组织结构调整提出了很高的要求。以规模经济作为分析框架，研究碳税征收、企业经济效益、能源效率、规模经济与重工业产业组织结构调整的关系，对于发展碳税效应理论、产业组织结构理论和可持续发展理论具有重要的意义。

1.2 研究综述

1.2.1 研究现状

在相关方面，国内外学者取得了丰硕的研究成果。

1.2.1.1 碳税的内涵及理论基础

很多学者对碳税下过定义，总体而言，大家对于碳税内涵的理解差别不大。学者们给碳税下定义通常使用两种方法：一种是对碳税直接进行定义；另一种是引入经济学家庇古的理论对碳税的内涵予以阐释，庇古（A. C. Pigou）提出通过税收的办法将外部成本内部化，按照污染物的排放量或经济活动的危害来确定纳税义务，这就是著名的“庇古税”；学者们认为，碳税就是一种庇古税，征收碳税实质上是对人类行为产生的二氧化碳所造成的环境外部成本内部化的过程。

王淑芳（2005）认为，从经济学的角度看，碳税就是一种庇古税，实际上就是根据化石燃料中的碳含量或碳排放量征收的一种产品消费税。

李伟等（2008）、赵玉焕、范静文（2012）认为，碳税是指针对二氧化碳排放所征收的税。它以环境保护为目的，希望通过削减二氧化碳排放来减缓全球变暖。碳税通过对燃煤和石油下游的汽油、航空燃油、天然气等化石燃料产品，按其碳含量的比例征税来实现减少化石燃料消耗和二氧化碳排放的目的。

汪曾涛（2009）将碳税分为狭义与广义两种：狭义上的碳税，即标准碳税，指的是以化石能源的含碳量为计税依据，对所有化石能源征收的税种，它能够以最小的成本实现既定的二氧化碳减排目标；广义上的碳税指的是现实中与标准碳税在计税依据、课税对象、税率以及纳税人上相偏离，但同样具有减排二氧化碳功能的税种。

张晓盈、钟锦文（2010）提出，碳税以生产经营领域和消费过程中因消耗化石能源直接向大气排放的二氧化碳为征税对象，以向大气中直接排放二氧化碳的单位和个人为纳税人，以二氧化碳的实际排放量或估算排放量（根据化石能源的含碳量估算）为计税依据，旨在减少二氧化碳排放，避免由此引起危险的气候变化而对化石能源和相关产品征收的一种环境税。

苏明、傅志华等（2011）从碳税与其他资源税关系的角度出发，认为碳税是包括消费税、资源税、硫税、氮税、废水税在内的整个环境税税收体系的成员之一。

刘洁、李文（2011）指出，碳税就是一种庇古税，征收碳税实质上是对人类行为产生的二氧化碳所造成的环境外部成本内部化的过程，是减少二氧化碳排放量最具有市场效率的经济措施之一。

曹裕、王子彦（2015）认为，碳税是指以价格为导向，按照消耗化石燃料的碳含量或者碳排放量来征收税款的一种调节税。

戴悦、丁怡清（2015）指出，碳税，顾名思义就是对燃烧后的化石燃料按排放的碳含量比例所征收的税，来实现减少化石燃料消耗和二氧化碳排放的目的。这一举措使外部成本内部化，在没有实施碳税以前，厂商通过污染环境使自己获利，却给社会带来了不利的影响。

正如前述，国外对碳税的研究，最早起源于英国经济学家庇古，庇古（1962）根据外部性理论，提出要使环境外部成本内在化，应采用国家干预的手段进行外部性的内部化，就是通过税收或补贴的办法，改善边际私人成本和边际社会成本相背离的状况，即对边际私人成本大于边际社会成本的部门征税，对边际私人成本小于边际社会成本的部门实行补贴，这就是著名的庇古税。

为解决庇古税的实施问题，鲍莫尔等（Baumol and Oates，1971）对庇古税进行了拓展，提出了“环境标准——定价方法”，即政府首先设定一个污染排放标准（环境质量标准），国家根据可接受的环境标准调整税率，直至达到合适的水平。

布罗斯（Burrows，1979）提出，在不完全信息条件下，政府可以有两种选择：一是通过逐步控制法，对太高或太低的庇古税进行持续调整，直到找到最优的税率，以达到社会最优；二是规制成本以及确定标准和收费法。

国内的研究主要是在国外碳税理论研究的基础上进行的。

高鹏飞、陈文颖（2002）较早提出碳税的理论基础，但只简单地提到了福利经济学的外部性理论，认为碳排放引起气候变化本质上是一个外部不经济性的问题。

邢丽（2010）认为，碳税的理论依据应包括外部性理论、公共产品理论、双重红利理论、污染者付费原则。

苏明、傅志华等（2010）认为，碳税作为环境税的一种，其征收的理论基础与环境税是一致的。从理论的形成和发展来看，主要的理论基础有环境的负外部性、庇古税理论、污染者付费原则、公共产品理论和双重红利理论。

1.2.1.2 征收碳税对环境的影响

国内外学者对于征收碳税对环境的影响的主要关注点在于碳税的节能减排效应。学者们通过构建模型，模拟不同碳税政策对二氧化碳减排的影响。很多学者利用实证数据支持了碳税的环境效应。

布吕沃尔（Bruvoll）和拉尔森（Larsen）2004 年指出，1990—1999 年，经济合作与发展组织（OECD）国家的平均 GDP 增长了 23%，而温室气体排放仅增长了 4%，碳税在其中一些国家起到了非常重要的作用。

尼古拉斯（Nikolaos，2005）等根据 1982—1998 年希腊制造业相关数据，通过建立一般均衡模型，研究了不同碳税方案对希腊的制造业及能源相关行业二氧化碳排放量的影响，结果表明，当碳税为 50 美元每吨时，若不调整现有电力结构，希腊二氧化碳排放量相对于 1998 年将减少 17.6%。

威塞玛（Wiepke Wissema，2007）等利用可计算一般均衡模型分析了碳税和能源税对爱尔兰经济所产生的影响，结果表明，当碳税为每吨 10 ~ 15 欧元时，爱尔兰的二氧化碳排放量相对于 1998 年水平可减少 25.8%。

不过，也有一些学者提出了相反的意见，比较典型的观点来自克利缅科等（Klimenko，Mikushina & Tereshin，1999）的研究结果。他们认为，碳税的实施是毫无必要的，碳税导致燃料和电力价格上涨，将显著地影响国民的生活质量；同时，他们指出，依靠增加森林面积来控制大气中的二氧化碳含量将比实施碳税更加有效。

国内学者也对不同碳税政策的减排效果进行了模拟分析。

苏明等（2009）运用投入产出表，利用可计算一般均衡模型（CGE）从静态和动态角度分别对不同碳税水平对中国二氧化碳排放量进行了预测与评价；研究结果表明，征收碳税使碳排放量下降，碳税税率越高，碳排放量下降的幅度越大，最大降幅为 8.8%。

王金南等（2009）首先分析了符合中国国情的碳税税率，认为征收低税率的碳税是一种可行的选择，低税率的碳税方案对中国的经济影响极为有限，却对减缓二氧化碳排放增长具有明显的刺激效果。

朱永彬等（2010）基于可计算一般均衡模型，通过引入碳税，分高、中、低 3 种税率以及生产性碳税、消费性碳税两种碳税形式，共 6 种情景对碳税政策的减排效果进行了分析。模拟发现，征收碳税对减排具有一定的积极作用，且生产性碳税减排效果优于消费性碳税。当税率从 20 元/吨提高到 100 元/吨时，二氧化碳减排量在消费性和生产性碳税下分别从 228 万吨碳和 426 万吨碳等价物增加到 1 141 万吨和 2 132 万吨。

姚昕等（2010）认为，碳税作为市场手段，配合能源、资源产品的价格改革，可以有效引导各行业实现经济转型，征收碳税有利于可再生能源等低碳清洁产业的发展，间接扩大了低碳的服务业的发展空间，实现经济向以低碳、环保、高效为特征的经济发展方式转变。

周晟吕等（2012）采用基于动态可计算一般均衡模型构建的中国能源—环境—经济模型，模拟了不同减排政策下的减排效果及经济影响。模拟结果显示，征收碳税可以产生一定的二氧化碳减排效果，碳税的作用主要通过促进能源结构转换和产业结构变化对二氧化碳减排做出贡献。当碳税收入用于非化石能源投资时，可以达到 2020 年碳排放强度比 2005 年下降 40% 的目标。

杨翱、刘纪显（2014）认为，碳税征收在不同的减排目标下对环境的改善效果有所不同，20%减排目标的减排效果在时间和强度上没有40%减排目标的减排效果明显。

1.2.1.3　碳税征收对经济的影响

毫无疑问，征收碳税将对经济运行产生影响，但对于这种影响的大小，学者们则意见不一。

（1）征收碳税对经济的负面影响不大。

国外学者方面：

巴克（Barker，1993）利用能源—环境—经济模型评估了碳（能源）税对英国经济的影响，认为征收碳税在1990—2005年间使碳排放稳定在基准水平的12%以下，而且对宏观经济的影响也较小，GDP有可能继续以高于基准水平0.2%的水平增长。

巴兰兹尼（Baranzini，2000）等评估了碳税政策对竞争力、分配和环境的影响，其研究结论表明，碳税是减排温室气体的一个有效政策，其对经济的负面影响可以通过税收的设计和对财政收入的使用来补偿。

梁（Liang，2007）等运用可计算一般均衡模型模拟了中国实施不同碳税制度的经济效应，提出碳税会对宏观经济以及能源和贸易密集型部门产生负面影响，但这些负面影响可以通过对生产部门引入税收减免或补贴得到缓解，征税的办法之一是将对能源和贸易型部门的免税与对非免税部门的税收返还结合起来实施。

李（Lee，2008）认为，仅征收碳税对GDP有负面影响，若同时实施排污权交易则会拉动GDP。

霍萨（Hossa Almutairi，2014）等通过研究基于排放因子的税收政策，认为较高的碳税会影响到消费者剩余、生产量以及最低价格；但其对经济的影响较小，对减少二氧化碳排放量非常有效。

很多国内学者也认为征收碳税对经济运行的负面影响不大。

中国气候变化国别研究组（2000）认为，征收碳税可显著地降低能源消费的增长，改善能源的消费结构，并能有效地削减温室气体的排放。虽然实行碳税政策的同时，也会给经济的发展带来一定的负面影响，但通过“ERI－SGM”模型的运算，采用较低强度的碳税政策，对中国未来经济没有明显的负面影响。

贺菊煌等（2002）运用可计算一般均衡模型分析征收碳税对中国经济运行各个方面的影响，认为碳税对GDP的影响较小，对价格的影响主要表现为煤炭和石油价格的上升，对产量的影响主要表现为煤炭产量的缩减；碳税使各部门的能源消耗下降，但下降的幅度差异不大；碳税使煤炭部门劳动力大量减少，使建筑业和农业劳动力也有所减少，这些劳动力将主要转移到制造业、服务业、电力和商业、餐饮业。

姜克隽（2009）提出，征收碳税会促进经济结构调整到较低的碳排放经济体系，这种经济结构的调整有利于经济发展，GDP的损失不明显，最高在0.45%左右。

张明文等（2009）认为，征收碳税能够扩大中国大部分地区的经济规模，同时对东部地区的能源消费具有抑制作用，但扩大了大部分地区资本所有者和劳动者的收入分配差距。这说明现阶段中国应该分地区、分税率进行碳税征收，以使中国大部分地区在保持经济增长和体现社会公平的前提下实现节能减排的目标。

王金南等（2009）利用可计算一般均衡模型，模拟了碳税征收对中国宏观经济、节约能源和抑制二氧化碳排放的影响，认为征收低税率的碳税是一种可行的选择；低税率的碳税方案对中国的经济影响极为有限，但对减缓二氧化碳排放增长具有明显的刺激效果。

张明喜（2010）认为，征收碳税对中国的经济影响不大，短期内减少GDP约0.51%，长期则减少GDP约0.08%，但二氧化碳的排放量将大幅度下降；同时碳税征收对经济结构中各个行业的产出具有负面影响，其中对矿产采掘业的影响最大。

潘静、高辉（2010）认为，碳税的开征会在短期内加重企业和个人的负担，但从长远的角度来说必将促进环境状况的好转和经济的可持续发展；而且，设计良好的碳税制度可以将可能造成的负面影响降到最低。

彭红枫、吴阳（2011）认为，与中、西部地区相比，东部发达地区大部分产业部门的碳排放强度较低，生产技术水平相对较高。不同碳税水平下各地区税负有较大差别。随着碳税水平的提高，地区（如西部）越不发达，税负增幅越大，所承受的税负越重，进而导致区域经济发展不平衡，为此，合理选择碳税水平对统筹中国区域经济协调发展非常必要。

林桢（2011）分析了征收碳税对地方经济的长、短期影响，认为从短期来看征收碳税将导致碳排放量显著下降，但征收碳税的短期成本相当高；从长期来看，征收碳税的负面影响将逐步降低，一方面企业生产结构将会相应地优胜劣汰，产业升级速度加快，经济结构会得到调整和优化；另一方面，社会的需求也会相应做出反应，这会抵消碳税征收带来的压力。

管治华（2012）认为，征收碳税对经济增长的影响存在显著的地域和行业差异，在较低强度的碳税政策下，碳税对中东部地区大部分省份的经济增长有促进作用，但阻碍中西部地区一些省份的经济增长，致使东西部地区的经济差距越来越大，从而改变中国现有的区域经济发展格局。

杨翱、刘纪显（2014）基于动态随机一般均衡模型（DSGE）模拟征收碳税对中国经济的影响，认为不同于货币政策冲击和政府购买冲击，征收碳税后的劳动力供给冲击和生产率冲击可以实现经济增长和环境质量提高的“双赢”局面。

娄峰（2014）认为，在能源消费环节征收碳税，同时降低居民所得税税率，并保持政府财政收入中性，可以在减少二氧化碳排放强度的同时使得社会福利水平有所增加，从而实现碳税的“双重红利”效应。

刘宇、肖宏伟等（2015）在无税收返还、减免消费税和减免生产税三种情景下运用动态 CAS－GE 模型，模拟了中国 2015 年开征 100 元/吨碳税的经济影响，认为征收碳税对中国宏观经济影响不大，征收碳税使 GDP 增速大致下降 1%，并且考虑税收返还后对经济的冲击更小；征收碳税有利于碳排放减少，其中消费税返还情景下减排效果尤为明显；征收碳税不仅没有推高物价水平，反而有利于抑制通货膨胀；征收碳税有利于改善中国的内需结构，其中减免消费税情景下的效果最为显著；征收碳税对大多数行业造成负面影响，但影响较小，冲击的幅度与行业碳排放强度成正比，减免消费税情景下出口份额较大的产业所受负面冲击较大，但减免生产税可以部分抵消碳税对该行业的负面冲击。

张会敏、顾六宝（2015）认为，从短期来看，征收碳税会给经济增长带来一定冲击，但从长远来看，它必将对经济社会发展产生积极的促进作用。

张晓娣、刘学悦（2015）比较了征收碳税与发展可再生能源在未来 35 年对经济增长及居民福利的动态影响，提出碳税影响取决于其收入循环方式，如果用于扩大公共转移支付，将提高当前收入和消费，但不利于长期资本深化与技术进步；如果用于降低所得税，不仅能够改善短期收入，还将通过要素积累与能源效率改善产生持久增长效应，但对能源结构提升作用有限。

周丹、赵子健（2015）认为，在保持税收中性的情况下，征收碳税对经济会有一定负面作用，碳税征收降低了GDP，随着碳税进行返还，GDP的降幅减少，尤其是在返还居民的情景下。

（2）征收碳税对经济的负面影响很大。

魏涛远和格罗姆斯洛德（2002）认为，征收碳税将使中国经济状况恶化，但二氧化碳的排放量将有所下降。从长远看，征收碳税的负面影响将会不断弱化。对中国这样一个发展中国家来说，通过征收碳税实施温室气体减排，经济代价十分高昂。

高鹏飞和陈文颖（2002）应用建立的一个中国“MARKAL—MACRO”模型，提出征收碳税将会导致较大的国内生产总值损失，如果保持总税赋不变可减少碳税造成的GDP损失。当碳税水平较高时，减排的效果并不显著，而GDP损失却急剧增加。

王灿等（2005）应用一个综合描述中国经济、能源、环境系统的递推动态“可计算一般均衡”模型，分析在中国实施碳减排政策的经济影响。以2010年实施碳税政策为模拟情景，定量描述了减排政策下国内生产总值、能源价格、资本价格等宏观经济变量的变化。结果表明：当减排率为0~40%时，GDP损失率在0~3.9%之间，减排边际社会成本是边际技术成本的2倍左右。在中国实施二氧化碳减排政策将有助于能源效率的提高，但同时也将对中国经济增长和就业带来负面影响。

苏明等（2009）认为，开征碳税会带来GDP和通货膨胀率的双下降，以及投资和可支配收入下降，当然也必然会导致碳排放下降，而且碳税税率越高，减排力度越大。对于高耗能行业的出口有负面冲击，对其产量也有负面影响，对其价格则以正向冲击为主。对所有的指标而言，开征碳税的影响随着时间流逝对经济的影响程度在不断增强，碳税税率越大，增强的幅度越大，对GDP的负面影响也随时间而增加。

刘洁、李文（2011）认为，征收碳税会降低社会总产出，对经济增长具有消极影响，从长期看，随着碳税体制的完善，税率逐步提高，这种消极影响将逐渐减弱，但是受中国现阶段经济发展水平的制约，碳税对中国经济冲击较大，短期内暂不适合开征。

杨超等（2011）认为，征收碳税需付出碳税对宏观经济负面冲击的成本。如果政府能够承受总产出减少幅度小于1%且CPI上涨幅度小于3%的成本，为了达到二氧化碳减排量最大化及下一期政府消费净额最大化两个目标，那么中国在当前应该征收的最优碳税税率为 8.84 元/吨二氧化碳；如果政府能够承受总产出减少幅度小于2%且 CPI 上涨幅度小于6%的成本，为了达到“两个最大化”目标，那么应征收的最优碳税税率为 17.99 元/吨二氧化碳。

程敏（2015）认为，目前中国经济正处于劳动密集型产业为主的起飞阶段向资本和技术密集型产业为主的成熟阶段转型，这一时期往往是一个国家碳排放的高峰时期，征收碳税会使很多高排放企业生产萎缩，消费减少，成本上升，对经济增长不利。

王磊（2015）认为，征收碳税不可避免地会对中国整体经济水平产生一定的负面影响，但在各类碳税水平下，随着时间的推移，GDP 的损失效应规模有先增大后减小的趋势，并且其转折点出现在开始征税近 20 年之后。

1.2.1.4 碳税征收与产业结构的关系

国内外一些学者研究了碳税征收对于不同产业的影响，认为产业结构会因此发生变化。

苏明（2009）认为，开征适度的碳税，有利于加重高耗能企业和高污染企业的负担，抑制高耗能、高排放产业的增长；同时，征收碳税有利于鼓励和刺激企业探索与利用可再生能源，加快淘汰耗能高、排放高的落后工艺，研究和使用碳回收技术等节能减排技术，结果必然促进产业结构的调整和优化。

刘辉（2009）认为，征收环境税有利于抑制污染产业，发展环保产业，优化产业结构；同时，环境税收政策有利于工业生产走内涵扩大再生产的道路，优先发展资源节约型、科技先导型的产业，优化资源配置，发展规模经济。

何建武、李善同（2010）从碳税征收影响产品成本、碳税征收通过收入效应和价格效应影响需求两个角度，研究了碳税征收对于产业结构的影响：在统一税率碳税政策下，各地区能源部门受到的负面影响最大，其次是高耗能工业和交通运输业，建筑业所受的损失也较大；而其他低耗能工业以及服务业则在碳税的征收过程中获益；各地区农业部门所受的影响很小。

朱永彬等（2010）认为，征收碳税对不同经济部门的影响各异，高排放的能源部门受到的影响最大，在非能源部门，玩具、纺织、服装等部门受到的负面影响最大，旅游、通信、电子等低碳部门受到的正面影响最大。

姚昕、刘希颖（2010）认为，开征碳税有利于减少碳排放，提高能源效率，并可以调整产业结构。在保障经济增长的前提下，中国最优碳税是一个动态的渐进过程。随着经济增长，经济社会承受力不断提高，最优碳税额逐渐上升。在具体的政策实施中，开征比较低的碳税可以使经济社会避免受到较大的冲击。

林帧（2011）以河南省为例研究了开征碳税将通过投资结构的变化导致产业结构和经济结构出现升级和优化，碳税的征收有利于促进河南省经济结构的转型，能够加大受碳税影响较小的农业和第三产业的发展，优化第二产业的结构和发展方式，发展高新技术产业。

张金艳、杨永聪（2011）以瑞典为研究对象，分析了其碳税政策和产业结构水平，采用格兰杰（Granger）因果检验法对产业结构和碳税之间的关系做了实证分析，他们认为，瑞典征收碳税提高了产业结构的水平。

陈明生、邵雪松（2013）认为，碳税征收短期内会增加能源密集型产业的税收负担，但从长期看，碳税征收还能促进产业内的结构调整，使产业获得规模经济效应，并提高能源效率，从而促进产业的发展和节能减排水平的提高。

袁建国、宋文娟、赵凯（2013）认为，相对于已进入后工业化时代的发达国家，中国目前仍处于工业化中期阶段，其显著特征之一是高碳产业处于主导地位，背负着巨大的节能减排压力，碳税征收能够有效减缓二氧化碳排放增长速度。中国产业结构正处于转型的关键阶段，基于产业结构调整视角研究中国碳税制度的设计，不仅对减缓二氧化碳排放增长速度有积极作用，而且能够推动产业结构调整，使中国产业结构符合全球产业结构调整的趋势。

周丹、赵子健（2015）认为，征收碳税有助于提高第三产业的比例，优化产业结构，但对交通运输及仓储业和炼焦业的负面影响较大。

1.2.2 研究现状评述

可以看出，国内外学者对于碳税相关问题的研究取得了丰硕的成果，为各国碳税征收初步奠定了理论和实践基础。但已有研究也有一些缺陷：

（1）在碳税征收对于中国经济及环境影响的研究上，学者们主要从一般均衡的角度进行研究，缺乏微观的视角，也因此无法就碳税对于产业和企业的影响进行全面深入分析，难以分析碳税征收对产业内部结构的影响，如伴随产业集中度提高出现的规模报酬递增现象。

（2）部分学者已经关注到了碳税征收对于不同产业的影响，从而初步研究了碳税征收的产业结构优化效应，但研究侧重于碳税征收对于产业构成（各产业在国民经济系统中的比重）的影响，较少研究碳税征收对于其他结构问题（如产业组织结构）的影响，研究也一般是单向的，即较少研究产业结构变化对于碳税征收及税率确定的意义。

随着征收碳税逐步被列入中国政府议事日程，研究重点应由征收碳税的必要性等转向准确评估不同碳税方案对于节能减排及经济增长的影响，以及采取各种措施保证碳税节能目标的实现及减少对经济的影响。我们应该更多从微观视角进行研究，准确研究碳税征收对于企业的影响；把握碳税征收对于产业系统内部结构的影响，把碳税征收和产业结构调整结合起来，化碳税征收对经济增长的消极影响为促进产业发展的契机，最终实现节能减排和经济增长的“双重红利”。

1.3　研究思路、主要研究内容与研究方法

1.3.1　研究思路及研究的基本逻辑

本书以规模经济作为分析框架，对碳税征收、企业经济效益及能源效率、规模经济与重工业产业组织结构调整的关系进行理论和实证研究，研究不同碳税方案对钢铁业样本企业的影响，提出钢铁业碳税征收和产业组织结构调整相配合的对策。研究遵循着先理论研究、再实证研究、最后对策研究的顺序，分为4个步骤：①建立本书研究的理论框架：找出影响单位GDP能耗的影响因素，就规模经济、产业结构等如何影响能耗及其相互关系进行研究；对规模经济来源及钢铁业34家上市公司的规模有效性进行研究。②理论研究：以规模经济作为框架，分别对本书涉及的几对重要的关系进行理论阐述。③实证研究：选出10家样本企业，对不同碳税方案对于企业的影响进行财务上的分析。④对策研究：以上述研究为基础，提出钢铁业碳税征收与产业组织结构调整相配合的对策建议。研究思路见图1－1。

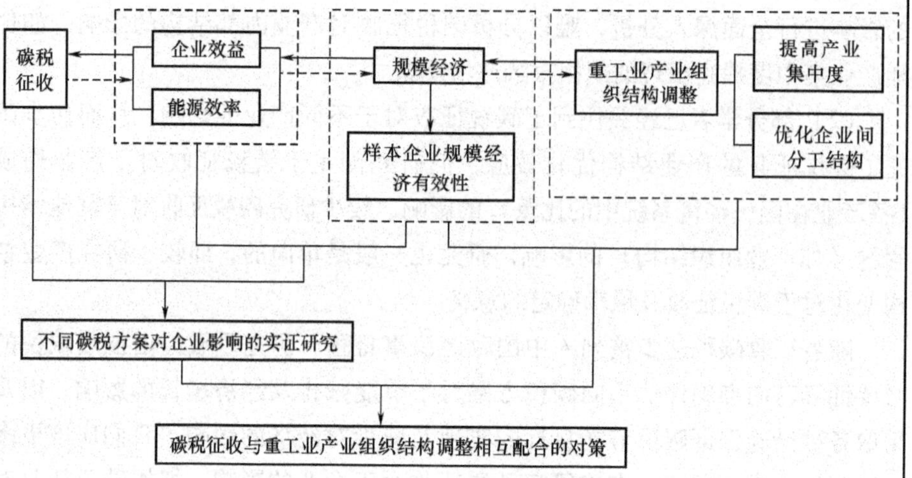

图 1-1　本书研究框架

碳税征收之前中国重工业包括钢铁业产业组织结构的一定状态是本书研究的起点，本书研究征收碳税后中国能源效率、重工业产业组织结构的变化及相应的对策。在征收碳税之前的某一固定时点上，产业及产业内企业的运行处于某种稳定的状态，能源价格、能源效率、企业效益、产业集中度及企业的规模经济处于相应的状态。碳税征收作为一个外生变量一旦冲击产业内这个稳定的状态，将引起一系列的连锁反应（见图 1-2）：第一，碳税征收将增加企业的能源成本，从而降低企业的经济效益，效益较差的小企业将遇到经营困难甚至被兼并或破产，这样产业集中度将提高，产业内规模效益递增现象出现。第二，碳税征收将提高能源价格，从而提高企业的能源使用效率。第三，大企业规模经济效应显现，进一步提高产业集中度，提高企业经济效益，为碳税征收创造条件。第四，大企业的规模经济效应，将提高企业的能源效率（包括整个产业的能源效率），从而提高企业经济效益，并为碳税征收创造条件。从上述过程的简单描述能够看出，在碳税征收以后，通过一系列的过程，最终出现以下发展趋势：第一，能源价格和能源效率会不断提高；第二，产业集中度会不断提高，企业规模经济效应显现，产业出现规模报酬递增现象；第三，征收碳税后，既出现降低企业经济效益的因素，也出现提高企业经济效益的因素，总体而言，提高经济效益的因素表现在企业规模经济效应显现之后；短期看，企业经济效益将受较大影响，而从长期看，提高企业经济效益的因素会逐渐发挥作用，但最终会提高企业经济效益还是降低企业经济效益，取决于产业内集中度提高及规模经济效应是否足以抵消碳税和能源价格的上涨。

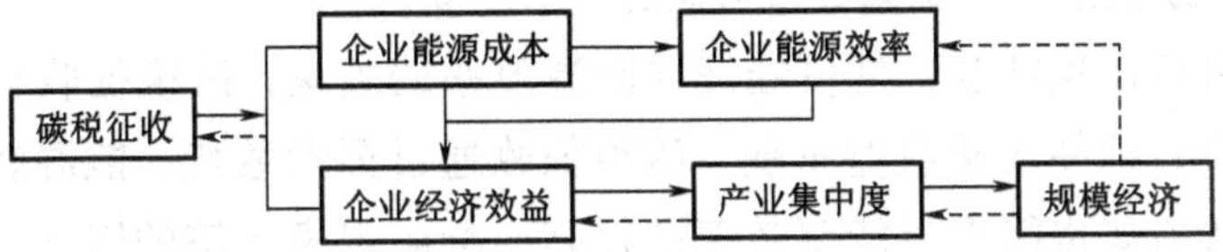

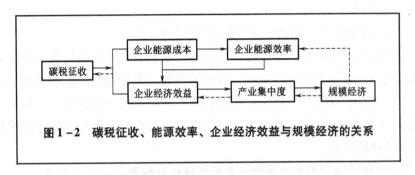

图 1-2 碳税征收、能源效率、企业经济效益与规模经济的关系

1.3.2 主要研究内容

1.3.2.1 单位 GDP 能耗的影响因素及其相互关系

对单位 GDP 能耗的影响因素进行分解，包括直接影响因素（与能源消费过程有关的因素）和间接因素（包括经济增长与发展、自然环境），间接因素通过直接因素起作用。对直接因素、间接因素做进一步的分解。对单位 GDP 能耗各影响因素的关系进行分析，主要的关系包括效率因素与产业结构之间的关系，经济增长及发展与效率因素的关系，经济增长及发展与产业结构的关系，自然条件与产业结构的关系。就结构因素和效率因素对产业节能目标影响进行实证研究。

1.3.2.2 规模经济的理论及实证研究

由于重工业具有典型的规模报酬递增的特点，规模经济理论成为本书研究的理论基础。检索已有关于规模经济的文献，准确把握规模经济的内涵，探寻规模经济的来源，根据系统论的观点，规模经济来源于生产要素在企业内聚集的规模和结构。以钢铁业 34 家上市公司为样本，利用 DEA 方法，研究这 34 家企业的规模有效性。

1.3.2.3 碳税征收、规模经济与重工业产业组织结构的变化

梳理规模经济与产业组织结构关系的文献，从理论上探寻规模经济与重工业产业组织结构的关系：规模经济是重工业产业组织结构变化的动力，产

业组织结构（产业集中度提高）是规模经济产生的前提。规模经济可以通过扩大生产要素在企业内聚集的规模即提高产业的集中度、优化生产要素在企业聚集的结构（确定企业的合理边界、优化企业内部分工结构、优化关联企业间的关系）获得。研究碳税征收如何提高产业集中度，从而使产业获得规模经济效益。

1.3.2.4 碳税征收、规模经济与能源效率的变化

深入分析碳税征收、规模经济与能源效率的关系：碳税征收会增加企业的能源成本；即使规模收益不变，碳税征收通过要素替代、能源替代、推动技术进步等方式也能促进能源效率的提高；考虑规模经济的因素，碳税征收通过推动固定资产更新、技术进步和要素效率的提高，能较大幅度地提高产业的能源使用效率。

1.3.2.5 不同碳税方案对钢铁企业经济效益的影响。

本书研究碳税征收对于整个钢铁产业的影响，分别研究10元/吨、20元/吨、30元/吨和50元/吨二氧化碳4种碳税方案对于钢铁业的影响。

随后选择10家企业作为样本，就三种碳税方案（10元/吨、20元/吨、30元/吨）对于企业经济效益的影响进行分析：首先，确定碳排放量的估算方法和不同的碳税方案。本项目以二氧化碳的估算排放量作为计税依据，二氧化碳排放量=化石燃料消耗量×排放系数（化石燃料消耗量是指企业的生产经营中实际消耗产生二氧化碳的化石燃料，以企业账务记录为依据）。我们设计三种碳税征收方案，即10元/吨、20元/吨和30元/吨。其次，研究不同碳税方案对于样本企业经济效益的影响。在10家样本企业原有财务数据的基础上，按照企业全年二氧化碳排放的估计量，分别研究三种碳税方案下各企业经济效益的变化。

1.3.2.6 钢铁业碳税征收和产业组织结构调整相互配合的对策建议

研究美国和日本钢铁业产业集中度、能源效率的变化。借鉴美国、日本的经验教训，综合考虑中国产业集中度、不同碳税方案对企业的影响、具有不同规模效率的企业对于碳税的承受力，确定合理的碳税征收税率，使碳税成为促进钢铁业产业集中度提高的最有力的杠杆。提出促进产业组织结构调整的其他对策，包括企业兼并、重组的对策建议，借鉴日本经验提出促进建立以大企业为中心的下承包制的对策建议。

1.3.3 研究方法

本书综合采取多种研究方法。

1.3.3.1 文献研究法

通过多种渠道，收集、整理和分析国内外有关的研究文献、调研报告和工作论文，总结和分析关于规模经济的来源、规模经济与能源效率的关系、规模经济与产业组织结构的关系等方面的研究成果，为全书研究奠定基础。

1.3.3.2 实证研究方法

利用选出的34家钢铁业样本企业的数据，对企业的规模效益进行研究。

1.3.3.3 案例研究

选出10家企业作为案例，对3种碳税方案下各企业经济效益的变化进行研究。

1.4 本书的创新之处

本书不仅仅研究碳税征收对于企业能源成本增加的影响，且考虑碳税征收导致产业内部的结构性变化，从而改变了企业的能效情况，推动产业的发展和节能减排水平的提高，具体而言，本书研究有两个创新之处：

（1）详细研究了碳税征收促进产业集中度提高的机制，并详细分析了碳税征收推动能源效率提高的机制：碳税征收推动能源效率的提高分为两种情况，即使不考虑规模报酬递增，征收碳税通过要素替代、能源替代和促进技术进步也能推动能源效率的提高；考虑规模报酬递增的因素，碳税增收导致的固定资产更新，通过推动企业规模扩大推动技术进步，导致要素效率提高，能极大提高能源的使用效率。

（2）从中微观的视角实证研究了碳税征收对于钢铁业及钢铁企业的影响。已有碳税征收对于经济增长的影响研究多从宏观角度进行一般均衡分析，本书研究了4种碳税方案对钢铁业的影响以及3种碳税方案对于具体钢铁企业的影响，直观而清晰地分析了碳税征收后企业经济效益的变化。

2 单位 GDP 能耗的影响因素及其相互关系

本书要研究征收碳税对于节能环保和产业发展的影响机制，从而最终减少能源的消耗和二氧化碳的排放，达到经济增长和节能环保的最终目标。根据这种影响机制，提出碳税征收和重工业产业组织结构调整相互配合的对策。碳税征收不是直接作用于经济增长和碳排放的减少，而是通过两个机制来实现，一个是能源效率的提高，另一个是规模经济的产生，能源效率和规模经济之间又会产生相互作用。因此，首先我们要了解能源效率、规模经济以及产业结构（包括产业组织结构）在节能减排中的地位以及它们之间的相互关系，我们从分解单位 GDP 能耗影响因素出发，深入探寻各影响因素之间的关系。

2.1　单位 GDP 能耗影响因素的分解

单位 GDP 能耗指一定时期内一个国家或地区每生产一个单位的国内生产总值所消耗的能源量，用该期间该国或地区能源消费总量除以 GDP 总量可以得到。单位 GDP 能耗反映一个国家经济发展对能源的依赖程度，以及能源利用的经济效益。

我们把影响单位 GDP 能耗的因素分为两类，第一类是与能源消耗过程有关的直接因素，第二类是通过影响能源消耗过程而影响能耗的因素，我们称之为间接因素（见图 2－1）。

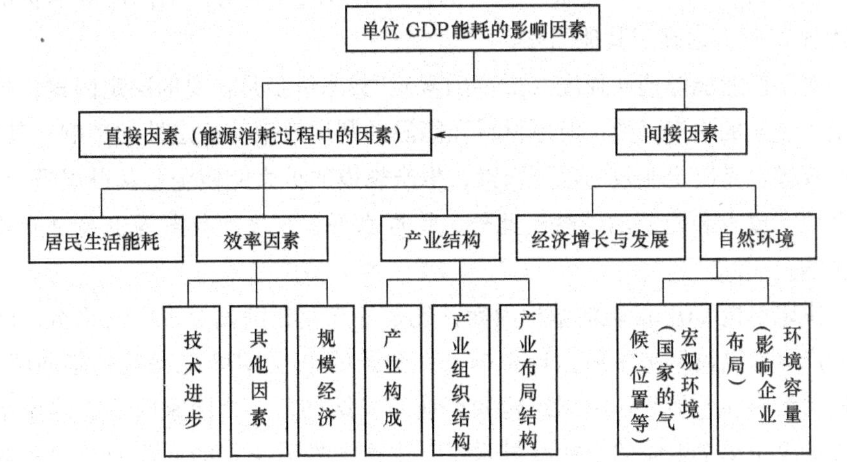

图 2－1　单位 GDP 能耗的影响因素

2.1.1 直接因素

在社会运行过程中，消耗能源的除了生产部门外，还包括生活部门。而在生产部门中，各产业的能源利用效率及其在国民经济系统中的比重将对单位 GDP 能耗产生重要影响。因此，我们可以把影响单位 GDP 能耗的因素分解为部门能源强度（效率因素）、各行业增加值比重（即结构因素）、居民生活部门能源消费，用公式表示为：

$$e=\frac{E}{G}=\frac{E_G+E_R}{G}=\sum\left(\frac{E_i}{G_i}\times\frac{G_i}{G}\right)+\frac{E_R}{G}=\sum(ei_i\times p_i)+\frac{E_R}{G}$$

式中：e 为单位 GDP 能耗，

E 为全国能源消费总量，

G 为全国 GDP 总量，

E_G 为产业部门所消费的能源量，

E_R 为居民生活部门的能源消费量，

ei_i 为第 i 个行业的能源强度，

p_i 为第 i 个行业增加值占全国 GDP 总量的比重。

生活部门虽然不创造 GDP，但其能源消耗是整个社会运行的基本要求，而且社会需求结构最终决定了生产部门的结构，从而影响单位 GDP 能耗。生活能源消费的模式、消费习惯等会对整个社会的能源消耗产生重要影响，例如，被称为“车轮上的国家”的美国，其生活能源消费占全国能源消费的比重达到 22%，远高于其他国家。

对于产业能源消耗强度（效率因素），技术进步是首要的决定因素，技术决定了企业的生产函数，对原材料和能源的利用效率有决定性的影响；其次，生产规模也是决定能效的重要因素，生产规模的扩大能使企业获得规模经济，降低生产成本和能源的消耗；此外，管理水平、制度、政策等也会对能效产生影响。

决定单位 GDP 能耗的结构因素首先是各产业在国民经济中的比重，能效高的产业在国民经济中所占比重越大，全国的单位 GDP 能耗就越趋向降低。结构因素中还包括产业组织结构和产业布局结构，一个国家的节能减排水平最终取决于单个企业的节能减排水平：由产业性质决定的产业内合理的竞争或垄断态势对于提高企业的生产效率和能源利用效率具有重大影响，具有自然垄断倾向的行业扩大企业生产规模、减少企业数量有利于企业获得规模经济，充分竞争行业中适当增加企业数量、促进企业间的合理竞争有利于发挥市场的激励约束作用；企业及产业的合理布局有利于节省包括运输成本在内的交易费用，产生聚集经济，提高资源及能源利用效率。

此外，制度因素、管理水平等也会对产业内能源强度产生影响。

2.1.2 间接因素

间接因素不是对于节能减排影响的次要因素，而是作为一种外在条件通过影响直接因素从而影响节能减排的因素。这种因素主要包括经济增长及发展、自然条件。经济增长及发展既是能源消费的目的，其本身也对能源消费产生重要影响，基本表现是，单位 GDP 能耗与经济发展阶段密切相关，英国、美国、联邦德国、法国、日本等国家在 1840 年以后单位 GDP 能耗基本呈倒 U 型曲线（见图 2－2），这是因为技术进步、经济结构变化和经济增长方式的转化会随着经济发展往前推进。此外，本国经济发展的道路选择（如加工贸易型经济、出口主导型经济）也会影响单位 GDP 能耗。

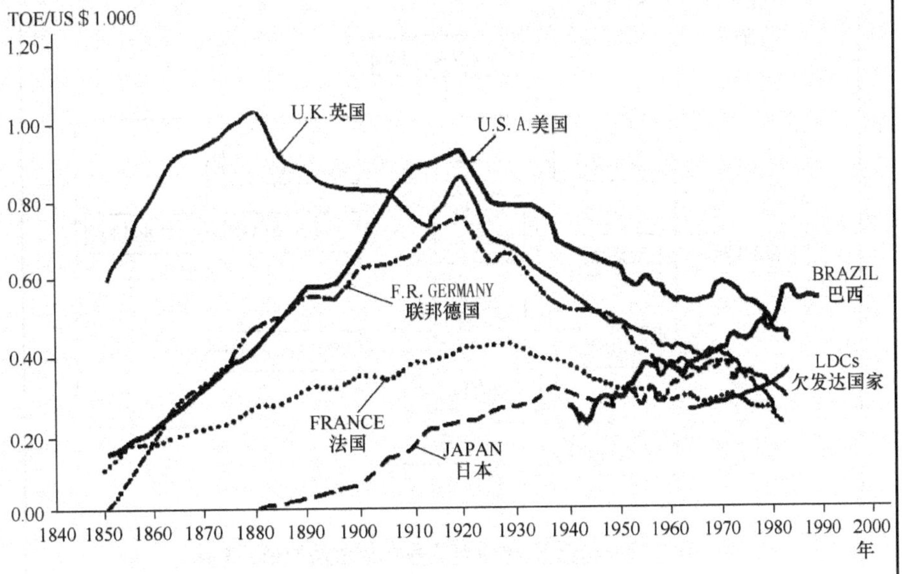

图 2－2 发达国家单位 GDP 能耗随时间的变化

自然条件对于单位GDP能耗的影响也是明显的，宏观上地理位置、国土面积大小、气候条件、资源禀赋等都会影响一个国家的能源消耗。国土面积大的国家对交通需求大，气候寒冷的国家对采暖的需求大，气候炎热的国家对制冷的需求大，资源禀赋好的国家倾向于形成对原料和能源消耗大的产业结构。微观上，环境容量是影响产业布局的重要因素，合理的产业和企业布局有助于利用环境的自净能力，从而提高环保水平。

此外，能源消费结构、能源价格等也会影响单位GDP能耗。

2.2 影响单位GDP能耗的效率因素和产业结构因素的相互关系

影响节能减排的各种因素并不是单独发生作用，而是相互作用、相互影响（见图2-3）：经济增长和发展既是效率提高和产业结构优化的目的，也是其基础。自然环境对于效率提高和结构优化起着基础和制约作用，并随着其提高和发展而发生变化；当然，经济增长及发展与自然环境之间同样是相互作用和相互影响的。

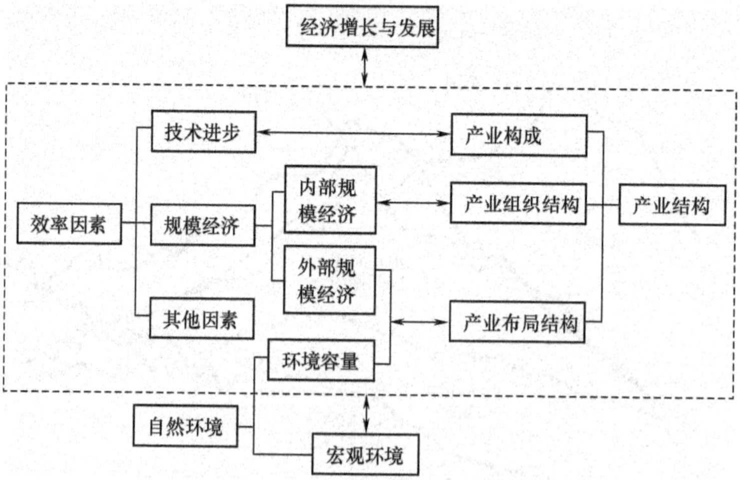

图2-3 单位GDP能耗各影响因素间的相互关系

因为间接因素通过直接因素起作用，所以，影响产业节能减排的基本因素是效率因素和产业结构因素。效率因素和产业结构之间更是存在密切的关系，通过探讨效率因素和产业结构之间的关系，能更深入理解效率因素和产业结构因素对于节能减排的巨大作用及其作用机制。

2.2.1 技术进步与产业构成的关系

产业构成是指国民经济中各产业部门的比例关系及其相互关系。从投入产出关系看，一定时期的产业结构（产出结构）取决于该时期的技术结构和最终需求结构；1981—1987年技术变动对于中国产出结构的影响大于最终需求结构变动对于产出结构的影响（贺菊煌，1991）。根据学者们的研究，技术进步推动产业结构演变的机制包括：①技术进步为实施创新的企业带来利润，推动企业成长，在其他企业的模仿下，推动产业成长，促使劳动力转移（尼尔森、温特，1974）；②技术进步导致经济增长，经济增长拉动了需求结构和产业结构变迁（库兹涅茨，1957；钱纳里；1969）。当然，有活力的合理的产业结构也能够促进技术进步，既为技术进步提供了市场需求，也为技术进步及其应用提供了资金等条件。

2.2.2 内部规模经济与产业组织结构的变化

产业组织结构是反映产业内企业间资源配置及结构的概念，在市场竞争的条件下产业内形成何种组织结构由产业性质（生产方式、产业资本的技术特点即资产的专用性、产业的关联性、产业的市场结构等）决定。规模经济是指单位产品的平均成本随着产量增加而降低的一种现象，其根源于生产要素尤其是固定资产的不可分性（企业必须使生产规模达到充分利用固定资产的生产能力）、企业规模扩大推动企业分工和协作的发展、代替市场配置资源从而节省交易费用、贮藏费用等。规模经济的获得并不是无限的，规模扩大到一定程度会导致组织成本增加超过收益增加。可以看出，规模经济产生于企业生产规模的扩大，更是企业扩大规模获得竞争优势的动力和条件，熊彼特（J. A. Schumpeter）和加尔布雷斯（J. K. Calbraith）等认为，大厂商即集中度较高行业中的大企业更有利于研究开发和技术进步；当然，威廉姆森（O. E. Williamson）和谢勒（F. M. Scherer）等认为，处于垄断地位的大企业容易变得懒惰和不思进取，缺乏创新动力①。产业组织结构的重要性在于产业需要在垄断（获得规模经济）和竞争（获得市场的激励和约束作用）之间进行权衡，在中国多数产业尤其是重工业集中度过低、竞争过度的情况下，应采取各种政策促进企业规模扩大、产业集中度提高，既提高生产效率，也提高节能减排水平。

2.2.3 外部规模经济及环境容量与产业布局结构的合理化

产业布局结构反映的是产业及企业在空间上的分布及其相互关系，从区域的角度看就是产业空间结构。产业空间结构的重要性在于产业合理布局不但能够促进产业及区域的发展，而且能够节省能源、使产业与环境之间的关系更加和谐，其基本要求就是根据城市聚集经济和环境容量来布局产业。聚集经济，即外部规模经济，指社会经济因素（包括人口、生产要素、企业、社会机构等）的地理集中和相互作用而带来的收益或成本节约（冯云廷，2001），其来源于社会经济因素聚集的规模和结构，结构方面包括社会经济因素间的价格联系尤其是分工关系，以及知识溢出。环境容量是区域自然环境和环境要素（如水体、空气、土壤和生物等）对人为干扰或污染物容许的承受量或负荷量（余春祥，2004），其大小与环境空间的大小、各环境要素的特性和净化能力、污染物的理化性质等有关，它既包括环境的自然净化能力，又包括环境保护设施对污染物的处理能力（蒲向军、徐肇忠，2001）。产业布局结构合理化首先要求根据城市聚集经济和环境容量划分城乡空间结构，并确定其区域特点及优势：从城市中心区往外，聚集经济受其影响的程度逐渐减小，而环境容量逐渐增大。其次要求从产业与区域特点匹配的角度确定产业的空间布局，对于聚集经济依赖大的，布局在城市中心区；对环境容量依赖大的，布局在远郊区；对于聚集经济和环境容量都依赖的，根据其不同依赖程度分别布局在城市外围区或近郊区。同时促进产业的空间聚集，以获得聚集经济，并为完善环保设施从而增大环境容量奠定基础。

可以看出，效率因素和产业结构因素是相互渗透、相互作用的，并形成一个整体共同促进产业及经济发展和节能环保水平的提高。

---

① 克拉克森等．产业组织：理论、证据和公共政策［M］．上海：上海三联书店，1998.

2.3 效率因素和产业结构因素对节能减排贡献的实证分析

正如前述，学者们在结构因素和效率因素对能源效率或能源强度的影响方面进行了大量研究，但得出的结论却并不相同，从而引起了人们对于产业结构及效率因素在节能减排中作用的疑惑，本书以节能量为着眼点，计算2000—2007 年中国不同产业层次的效率节能量和结构节能量，以便较为准确地把握效率节能和结构节能对于中国节能减排的贡献。

2.3.1 效率节能量和结构节能量的计算方法

要评估上述各因素对于中国节能减排的贡献，节能量是一个更加直观而准确的概念；节能量是产业部门一定期间内单位增加值能耗下降而少消耗掉的能源。根据上述单位 GDP 能耗的因素分解，我们可以将产业系统的节能量分解为结构节能量和效率节能量。结构节能量是指在某一划分层次上由于各子系统（行业或产品等）比重变化而形成的节能量；效率节能量是指在相同的行业划分层次上由于各子系统能源强度（单位增加值能耗或单位产品能耗）变化所形成的节能量。结构节能和效率节能的界定是相对的，同行业划分的层次密切相关。理论上，技术节能仅指构成国民经济系统的最基本单元——各类产品由于综合单耗下降而形成的节能量，其值为每种产品按单位产品能耗下降计算得到的节能量之和；结构节能则包含了产品层次以上各层次结构（产品结构、行业结构、产业结构等）变动所形成的节能量，其值等于各层次结构节能量的累加。但由于研究需要的不同，有时没有必要细分到产品层次，且精细的产品细分也是困难的。

2.3.1.1 国民经济产业系统的划分

计算不同层次的效率节能量和结构节能量，首先要对国民经济的产业系统进行合理划分，图 2－4 是一个较为完整的产业系统划分示意图，当然，其中还可以进行更为详尽的层次划分。

本书拟计算三次产业结构变动的节能量、工业效率节能量和结构节能量，因此，我们根据国家统计局《国民经济行业分类》（GB/T 4754—2002）将产业划分为三次产业；以“大类”为基础，将工业划分为煤炭开采和洗选业、

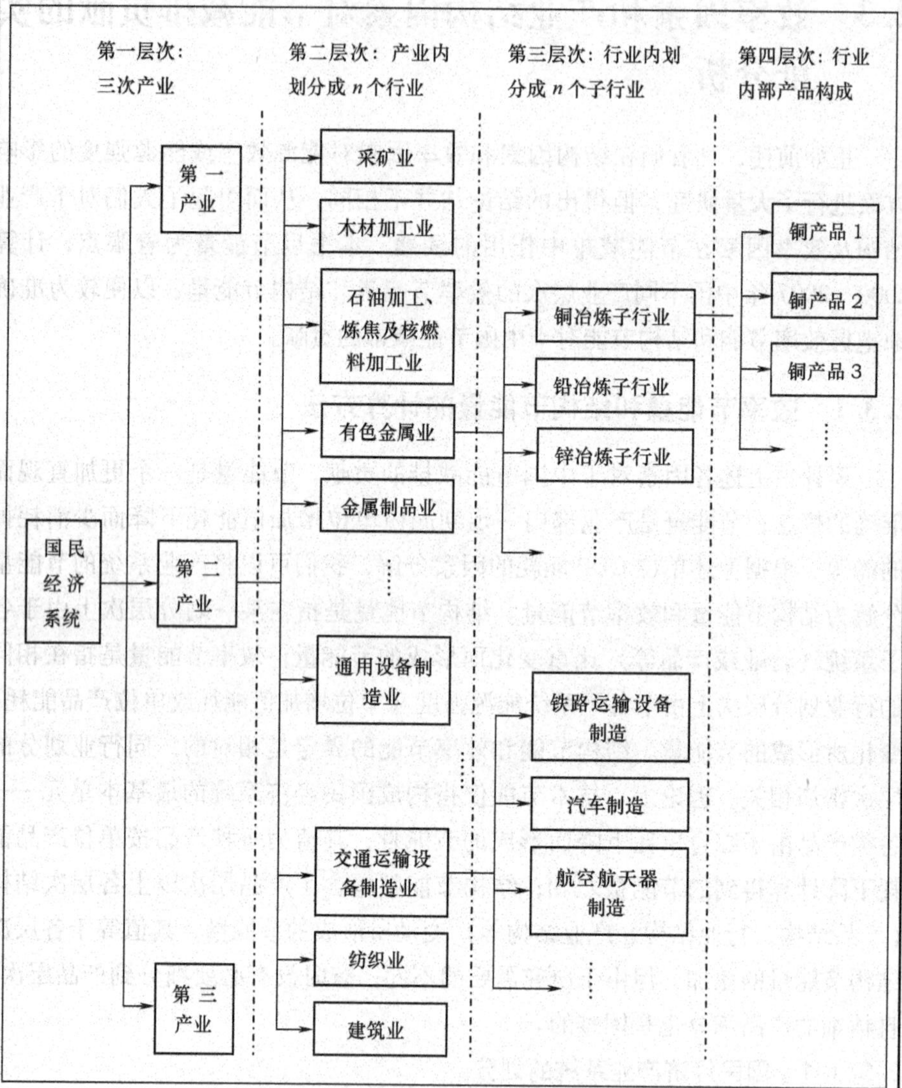

图 2－4　国民经济产业系统层次划分示意图

石油和天然气开采业等 33 个行业，加上作为“门类”的“电力、燃气及水的生产和供应业”；此外，由于计算期间产业划分的变动以及计算增加值中必然会出现的一些误差，我们增加了“其他产业及误差”项，这样，共是 35 个行业。

2.3.1.2 效率节能量和结构节能量的计算方法

我们只要提出相邻层次的某产业（行业）的效率节能量和结构节能量的计算方法，类推下去，就能计算产业所有层次的效率节能量和结构节能量。

在节能量的计算中，实际上涉及两个“效率节能量”的概念，一个是某层次某产业由于效率提高而导致的节能量，我们称之为“某产业的效率节能量”，其计算方法是以计算年和基年该产业平均单位增加值能耗的差值乘以该产业计算年的增加值；另一个概念是某层次某产业的下一层次的各行业效率节能量的加总，我们称之为“某产业的产业内效率节能量”。某层次某产业的结构节能量则是该产业下一层次的各行业结构的变动导致的节能量，其计算方法就是该层次“某产业的效率节能量”减去“某产业的产业内效率节能量”，用公式表示就是：

$$\Delta E_{\text{str}} = \Delta E_{\text{eff-tot}} - \Delta E_{\text{eff-in}} = G_t \times (ei_0 - ei_t) - \sum (P_i)_t \times [(ep_i)_0 - (ep_i)_t] \quad (1)$$

式中，ΔE_{str} 为某产业的结构节能量，

$\Delta E_{\text{eff-tot}}$ 为某产业的效率节能量，

$\Delta E_{\text{eff-in}}$ 为某产业的产业内效率节能量，

G 为该产业的增加值，

e_i 为该产业平均单位增加值能耗，

P_i 为下一层次第 i 个行业增加值，

ep_i 为下一层次第 i 个行业单位增加值能耗，

脚标 t 和 0 分别代表计算年和基年。

2.3.2 数据处理与计算结果

因为国家统计局后来不再公布各工业部门的增加值数据，因此，我们以2000—2007年的数据来计算三次产业层次和工业层次的效率节能量和结构节能量。尽管2000—2007年的数据比较旧，这些年的情况肯定会有所变化，但我们仍然能从中看出中国在结构节能和效率节能上的发展趋势。

下面就开始计算2000—2007年中国三次产业变动导致的结构节能量，以及工业内的效率节能量和结构节能量。

2.3.2.1 数据收集和处理

实现上述计算需要增加值数据，即全国、三次产业及产业内各行业全口

径的增加值（为了计算方便，我们将所有数据折算成2000年可比价）和能源消费数据，即上述各产业、行业的能源消费量。2000年和2007年工业内各行业增加值数据我们通过以下方法获得：利用全口径的工业增加值总量数据和国有及规模以上企业口径的行业增加值数据，将后者等比例扩大至全口径（各行业增加值结构保持不变）；根据各行业工业品出厂价格指数将2007年各行业增加值现价数据折算成2000年可比价的增加值数据。其他数据可以通过相应年份的《中国统计年鉴》获得或折算。

2.3.2.2 计算结果

经过相应的数据处理和计算，我们发现2000—2007年中国产业节能工作进展缓慢，8年来全国产业系统的节能量只有16 847.0万吨标准煤，只相当于2007年产业系统能源消耗量的7.06%。第一、第三产业的效率节能是负数，可能是这两个产业中机器对于人工的替代所造成的；三次产业加总的效率节能是负数，结构节能在三次产业层面节能减排的作用中占据绝对支配地位（见表2－1）。

表2－1 2000—2007年中国及三次产业效率节能量及结构节能量

单位：亿元、万吨标准煤

	增加值	能耗	单位GDP能耗	增加值	能耗	单位GDP能耗	效率节能
年份	2000年			2007年（增加值为2000年可比价）			
全国	89 403.6	115 385.1	1.290 610	198 077	238 793.2	1.205 557	16 847.0
第一产业	14 212.0	5 787.1	0.407 200	19 744.7	8 244.6	0.417 559	－204.5
第二产业	45 487.8	91 066.6	2.002 000	98 274.1	194 198.7	1.976 093	2 546.0
第三产业	29 703.8	18 531.3	0.623 870	80 058.2	63 139.6	0.788 671	－13 193.7
结构节能	27 699.18						

从表2－2可以看出，工业系统的总体能效更是几乎没有变化，8年来工业的节能量只有7 014.2万吨标准煤。工业内不同行业的节能情况有所不同，从轻重工业的角度，都有能效提高或降低的行业，但总体而言，各轻工业的能源消耗更加稳定，能效变化很小；重工业中，煤炭开采和洗选业、非金属矿物制品业、交通运输设备制造业是节能相对较多的几个行业，它们的总节能量（7 360.2万吨标准煤）超过了工业的总节能量（7 014.2万吨标准煤），

而石油加工、炼焦及核燃料加工业的节能量是 -4 278.8 万吨标准煤，严重拖累了工业节能水平的提高。

在工业的总节能量 7 014.2 万吨标准煤中，产业内效率节能量为 5 515.8 万吨标准煤，贡献高达 78.6%，结构节能量为 1 498.4 万吨标准煤，贡献为 21.4%。通过上述数据还可以看出，工业内 1 498.4 万吨标准煤的结构节能量显然包含在第二产业的效率节能量中，说明效率节能和结构节能的划分是相对的。

表 2-2　2000—2007 年我国工业效率节能量及结构节能量

单位：亿元、万吨标准煤

产业名称	增加值	能耗	单位能耗	增加值	能耗	单位能耗	效率节能量
	2000 年			2007 年（增加值为 2000 年可比价）			
工业	39 570.3	89 633.7	2.27	87 049.3	190 167.3	2.18	7 014.2
煤炭开采和洗选业	908.5	4 080.9	4.49	2 211.5	7 170.8	3.24	2 762.9
石油和天然气开采业	3 441.9	3 748.8	1.09	2 565.4	3 677.5	1.43	-883.3
黑色金属矿采选业	97.1	333.8	3.44	414.2	1 313.8	3.17	110.2
有色金属矿采选业	217.8	376.0	1.73	399.3	820.3	2.05	-130.9
非金属矿采选业	191.1	576.0	3.01	364.8	946.9	2.60	152.7
农副食品加工业	1 301.5	1 403.8	1.08	3 029.5	2 335.8	0.77	931.9
食品制造业	647.9	858.5	1.33	1 508	1 322.2	0.88	676.1
饮料制造业	964.3	617.7	0.64	1 610.9	979.9	0.61	51.9
烟草制品业	1 458.1	252.1	0.17	2 340.6	230.2	0.10	174.5
纺织业	1 983.2	2 497.0	1.26	4 071.4	6 207.6	1.52	-1 081.3
纺织服装、鞋、帽制造业	922.4	297.9	0.32	1 942.9	676.3	0.35	-48.9
皮革、毛皮、羽毛（绒）及其制品业	504.2	173.8	0.34	1 211	375.3	0.31	42.1
木材加工及木、竹、藤、棕、草制品业	245.5	285.7	1.16	843.8	828.9	0.98	153.1
家具制造业	147.8	83.8	0.57	533.8	147.8	0.28	154.9
造纸及纸制品业	642.9	1 826.8	2.84	1 500.3	3 490.5	2.33	772.6
印刷业和记录媒介的复制	313.8	178.8	0.57	646	323.5	0.50	44.5

续表

产业名称	增加值	能耗	单位能耗	增加值	能耗	单位能耗	效率节能量
文教体育用品制造业	242.0	109.6	0.45	456.4	207.7	0.46	-0.9
石油加工、炼焦及核燃料加工业	1 227.8	7 410.9	6.04	1 474.1	13 176.5	8.94	-4 278.8
化学原料及化学制品制造业	2 206.0	12 700.7	5.76	4 990	27 245.3	5.46	1 483.7
医药制造业	987.7	759.8	0.77	2 038.8	1 183.1	0.58	385.3
化学纤维制造业	460.9	1 678.0	3.64	607.2	1 554.0	2.56	656.8
橡胶制品业	341.2	577.8	1.69	744.9	1 259.1	1.69	2.4
塑料制品业	723.6	614.0	0.85	1 665.9	1 626.0	0.98	-212.6
非金属矿物制品业	1 755.6	10 100.6	5.75	4 040	20 354.8	5.04	2 889.3
黑色金属冶炼及压延加工业	2 024.4	16 791.6	8.29	5 579.3	47 774.4	8.56	-1 497.4
有色金属冶炼及压延加工业	798.8	3 605.2	4.51	2 087.6	10 686.4	5.12	-1 265.0
金属制品业	949.6	1 063.7	1.12	2 299.2	2 832.5	1.23	-257.1
通用设备制造业	1 310.0	1 087.6	0.83	4 237.7	2 586.5	0.61	932.0
专用设备制造业	905.2	744.0	0.82	2 534	1 441.1	0.57	641.6
交通运输设备制造业	2 062.3	1 278.3	0.62	6 590.7	2 377.0	0.36	1 708.0
电气机械及器材制造业	1 918.8	588.0	0.31	4 494.1	1 543.4	0.34	-166.0
通信设备、计算机及其他电子设备制造业	2 842.5	627.6	0.22	8 893.9	2 007.0	0.23	-43.2
仪器仪表及文化、办公用机械制造业	334.0	137.1	0.41	1 166.2	259.1	0.22	219.8
电力、燃气及水的生产和供应业	3 917.5	10 811.9	2.76	7 163.9	19 892.7	2.78	-121.1
其他产业及误差	574.4	1 356.2	2.36	792	1 313.6	1.66	556.5
产业内效率节能量	5 515.8						
结构节能量	1 498.4						

2.3.3 基本结论

产业部门一定期间内的节能量是一个反映能效变化的概念，它能更加直观而准确地反映产业结构和效率因素对于中国节能减排的贡献。通过对节能量的计算，2000—2007 年中国节能减排工作进展缓慢；由于第一产业、第三产业中更多地使用机器，从而耗费了更多能源，使得这两个产业的效率节能量为负数，并导致三次产业总的效率节能为负数，结构节能在三次产业层面的节能中发挥了决定性的作用。从节能减排对策的角度，中国在结构调整方面仍有很大的潜力，应该进一步提高第三产业在国民经济中的比重。

从节能量的角度看，2000—2007年工业系统的能效几乎没有变化，各轻工业的能源消耗更加稳定，能效变化很小，而重工业中既有能效提升幅度稍大的部门，也有能效下降幅度稍大的部门。在工业系统的节能中，效率节能更加重要，结构节能的作用大大下降。从对策的角度，注重技术进步、提高工业尤其是重工业的生产规模，从而大力提高工业系统的能效是刻不容缓的任务。总体而言，我们要同时重视结构节能和效率节能的重要性，调动一切积极因素提高中国的能效水平。

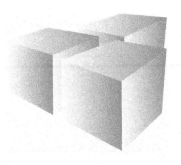

3　规模经济的理论与实证研究

本书要研究碳税征收导致产业内部的结构性变化，并探讨这种结构性变化对于经济发展、节能环保及碳税征收本身的意义。而碳税征收后产业内部出现结构变化是因为碳税对于产业内不同个体（企业）的不同影响；无论从短期还是长期的角度，企业的规模都是导致这种影响和变化的首要和基本因素，因此，规模经济理论可以成为本书的分析框架。

3.1 系统论——研究规模经济来源的方法论

规模经济是在一定条件下的规模收益递增。学者们更多在企业层面使用规模经济的概念，将规模经济看作企业在一定条件下（要素最佳组合时）的生产能力或产量，单位产品的成本随规模扩大而降低。

学者们通常用分工理论、交易费用理论等阐述企业规模经济的来源。但这些理论只是分别从一个方面阐述了规模经济的来源，且难以归入到一个统一的分析框架中。毫无疑问，规模报酬递增是各种生产要素在企业内集中到一定规模后出现的，各种要素的集中及其相互作用，从而出现了要素使用效率提高的现象，于是收益便产生了；而收益的多少取决于要素集中的数量及其相互作用的状态。因此，要准确把握规模经济的来源及其大小，必须研究生产要素聚集的场所即企业，尤其是要深入研究其内部结构；用系统论的方法研究规模经济的来源，就是把企业看作一个系统，这样，规模经济的产生就是系统运行的结果，就是系统功能的体现。

系统论作为一门科学，是由美籍奥地利人、理论生物学家 L. V. 贝塔朗菲（L. Von Bertalanffy）于二十世纪三四十年代创立的。传统的由勒内·笛卡尔（Rene Descartes）奠定理论基础的分析方法，一般是把事物分解成若干个组成部分，抽象出最简单的因素，以部分的性质去说明复杂事物。这种着眼于局部或要素，遵循单项因果决定论的思维方法，在过去几百年里人们认识较为简单的事物时是行之有效的，但在现代科学高度发展的趋势下，在人类面临许多极为复杂的问题面前，就显得无能为力了。系统论的基本思想，就是把研究的对象，当作一个系统，分析系统的结构和功能，研究系统、要素、环境三者的相互关系和变动规律，并优化系统的整体功能。系统论的核心思想是系统的整体观念。贝塔朗菲强调，任何系统都是一个有机的整体，它不是各个部分的机械组合或简单相加；系统各组成要素之间相互关联，使系统成为一个不可分割的整体（苗东升，2007）。

根据学者们的研究，系统被定义为：由若干要素以一定结构形式联结构成的具有某种功能的有机整体。系统具有以下属性：

（1）系统的整体性：系统不是各部分的简单组合，各组成部分之间的充分协调和连接，使系统获得整体的运行效果，并提高系统的有序性。

（2）系统的结构性：系统中各个组成部分之间相互作用、相互影响，使系统成为一个有机的整体，决定了系统的性质和形态。

（3）系统的功能性和目标性：系统各个部分之间的相互作用，使系统成为一个有机整体；系统作为一个整体存在，其运行通常可以完成一定的功能，或者说系统的存在通常具有一定的功能。但不一定所有系统都有目的，很多系统只是一个自然而然的存在。

（4）系统的动态适应性：各个组成要素是系统的组成部分，系统又是更大的系统的组成部分；组成部分与系统之间，系统与系统的环境之间不断进行着物质、能量和信息的交换，系统的运行受环境的制约，同时作为组成部分又改变着环境。环境的变化会引起系统特性的改变，相应地引起系统内各部分相互关系和功能的变化；为了保持和恢复系统原有特性，系统必须具有对环境的适应能力。

根据系统论的观点，生产要素聚集的企业可以被看作一个系统，系统中的各生产要素之间相互作用、相互影响，导致要素及系统本身都发生变化，规模经济得以产生，这是系统功能的体现。根据系统整体性和相关性的属性，规模经济的大小取决于要素聚集于系统（企业）的规模和结构。

3.2 规模经济的来源

3.2.1 规模经济来源研究的发展

规模经济理论是经济学的基本理论之一，学者对规模经济的含义及来源等进行过大量研究，本书拟按研究时间的先后顺序对有关规模经济来源的研究过程做一简单梳理。

3.2.1.1 斯密的规模经济理论及发展

经济学说史公认，亚当·斯密是规模经济理论的创始人，斯密主要利用分工理论来阐述规模经济的来源，这一研究传统为后面的很多学者所继承。斯密认为："劳动生产力上最大的增进，以及运用劳动时所表现的更大的熟练、技巧和判断力，似乎都是分工的结果。"① 斯密以扣针制造业为例说明分工对于劳动生产率的提高，以及生产率得以提高的原因，"有了分工，同数劳动者就能完成比过去多得多的工作量，其原因有三：第一，劳动者的技巧因业专而日进；第二，由一种工作转到另一种工作，通常损失不少时间，有了分工，就可以免除这种损失；第三，许多简化劳动和缩减劳动的机械的发明，使一个人能够做许多人的工作"②。斯密还说明了分工出现的原因：从事各部门工作的工人，可集合在同一个工厂内。可以看出，亚当·斯密论述规模经济产生的逻辑是"规模—分工—劳动生产率提高"。

既然分工可以提高劳动生产率，增加国民财富，那分工是否可以无限扩大？斯密的答案是否定的，"分工的程度，总要受交换能力大小的限制，换言之，要受市场广狭的限制"③。这就是著名的斯密定理："分工受市场范围的限制。"

阿林·杨格发展了亚当·斯密的分工理论，他的分工理论被后人命名为杨格定理，即"分工取决于市场规模，而市场规模又取决于分工，经济进步的可能性就存在于上述条件之中"④，从而超越了斯密定理"关于分工受市场范围限制"的思想。杨格论证了市场范围（规模）与迂回生产、产业间分工的相互作用、自我演进的机制。随着市场需求的扩大，企业发现大规模批量生产越来越经济了，在这种思想指引下，产业间的分工日益增加，专业化程度也在不断提高，分工与生产规模、市场规模之间建立了动态的相互促进关系。

3.2.1.2 马克思的规模经济理论

"规模—分工—劳动生产率提高"也是马克思规模经济理论的基本逻辑之一，但马克思的规模经济理论比斯密的理论要深刻和系统得多。

马克思主要是在论述资本主义生产的过程中阐述规模经济来源问题的。马克思指出，资本主义生产实际上是在同一个资本同时雇佣较多的工人，因

---

① 亚当·斯密．国民财富的性质和原因的研究（上）［M］．北京：商务印书馆，1972：5.

② 亚当·斯密．国民财富的性质和原因的研究（上）［M］．北京：商务印书馆，1972：8.

③ 亚当·斯密．国民财富的性质和原因的研究（上）［M］．北京：商务印书馆，1972：16.

④ ［美］阿林·杨格．报酬递增与经济进步［J］．经济社会体制比较，1996（2）．

而劳动过程扩大了自己的规模并提供了较大量的产品的时候才开始的①。即使劳动方式不变，同时使用较多的工人，也会在劳动的物质条件上引起革命②；许多人在同一生产过程中，或在不同的但相互联系的生产过程中，能够有计划地一起协同劳动，马克思把这种劳动形式叫作“协作”，协作较大地提高了生产力。除了研究这种简单形态的协作外，马克思重点研究了以分工为基础的协作，企业内分工的出现，促进了劳动的专门化、积累与传承劳动经验、提高了劳动强度、推动劳动工具的专门化，并优化生产的组织结构，从而大大提高劳动生产率。

当社会生产发展到机器大工业时代，劳动过程的协作性质，成了由劳动资料本身的性质决定的技术上的必要③。这样，在其他条件不变时，商品的便宜取决于劳动生产率，而劳动生产率又取决于生产规模④。

3.2.1.3　新古典经济学的规模经济理论

马歇尔对于规模经济理论的发展做出了重要贡献，他用了5章内容专门阐述规模经济问题。除了进一步研究企业规模经济（马歇尔称为“内部经济”），还开创了聚集经济（马歇尔称为“外部经济”）理论，马歇尔认为：“我们可以把任何一种货物的生产规模之扩大而产生的经济分为两类：第一是有赖于此工业的总体发展的经济；第二是有赖于从事此工业的个别企业的资源、组织和经营效率的经济。我们可称前者为外部经济，后者为内部经济。”⑤

我们在这里主要概括马歇尔的企业规模经济理论。马歇尔并没有抛弃分工理论，相反，分工理论仍是马歇尔规模经济理论的基础之一。马歇尔认为，分工和机械使用能够产生效率，企业规模经济来源的第二方面表现在采购和销售方面；第三，就是技术经济；第四，企业规模经济还来源于企业经营管理工作进一步划分。

其他新古典经济学家并未继承马歇尔的研究传统，将规模经济理论局限于研究企业规模经济，并将规模等同于技术决定的生产能力；这种理论将规

---

① 马克思．资本论（第1卷）［M］．北京：人民出版社，1975：358.
② 马克思．资本论（第1卷）［M］．北京：人民出版社，1975：360.
③ 马克思．资本论（第1卷）［M］．北京：人民出版社，1975：423.
④ 马克思．资本论（第1卷）［M］．北京：人民出版社，1975：686－687.
⑤ 马歇尔．经济学原理［M］．北京：华夏出版社，2005：224.

模经济的来源归因于由产品自然属性决定的技术上的不可分性，这种不可分性使得如果厂商只生产少量的产品，那么其中的一部分生产能力就无法得到利用；在这种情况下，该公司可增加其产出，但成本不会成比例上升（即出现了规模经济效益）。

3.2.1.4　新制度经济学的规模经济理论

此前的理论主要是从生产的角度研究企业规模经济产生的问题，新制度经济学完全颠覆了这一研究传统。科斯首先解释了企业存在的原因，在此基础上，他探讨了企业的规模问题。他认为，企业的扩大必须达到这一点，即在企业内部组织一笔额外交易的成本等于在公开市场上完成这笔交易所需的成本，或者等于由另一个企业家来组织这笔交易的成本。新制度经济学派的其他学者发展了科斯的上述理论。威廉姆森把交易成本结合到对企业的经济分析中来考察企业的内部组织问题，威廉姆森指出，企业纵向一体化的关键解释因素在于“资产专用性”，资产专用性越高，市场交易的潜在成本越大，纵向一体化的可能性就越大。

西方还有一些学者对规模经济进行过研究，如钱德勒、斯蒂格勒等，总体而言，他们的研究都未脱离上述学者的基本研究框架。

3.2.1.5　中国学者对于规模经济的研究

中国学者的主要贡献在于引入西方的规模经济理论，并运用该理论对中国的某些具体问题进行研究，表3－1是中国学者利用规模经济理论对一些具体行业的研究情况。

表3－1　中国学者对于具体行业规模经济的研究

序号	作者	论著题目	年份
1	王大海	海水养殖业发展规模经济和规模效率研究	2014
2	吴迎新	区域纺织业发展实证研究——基于集聚、规模与效率	2011
3	李陈华	流通企业规模效率研究	2010
4	张春霞 苏时鹏	私有林经营规模效率研究	2010
5	董四平	县级综合医院规模经济效率及其影响因素研究	2010
6	楚序平	中国钢铁产业规模经济研究	2010
7	何元贵	中国汽车企业规模经济实证研究	2009

续表

序号	作者	论著题目	年份
8	程广仁	卫星运营企业规模经济研究	2009
9	施蔚	江苏木材加工产业的规模经济问题研究	2008
10	常海庆	媒体规模经济研究	2007
11	冯恩新	证券公司规模经济研究	2007
12	刘宗华	中国银行业的规模经济和范围经济研究	2005
13	黎新平	论中国汽车工业的规模经济问题	2001

对于规模经济的理论研究，我国学者的研究也取得了一些新成果：彭星闾、叶生洪（2003）在总结前人关于规模经济论述的基础上，对规模经济的成因进行了深入探讨，得出了规模经济本质是结构经济的论断，即规模并不是导致经济的根本原因，规模经济的本质是通过结构优化而实现的经济。李鹏（2003）从制度的角度，运用分工理论，对经济活动中的规模经济问题进行了探讨，分别从产权制度、组织管理制度、国家经济体制等方面，对工厂、公司制企业、行业和地区等几个经济系统规模经济的产生进行了研究，揭示出它们的内在形成机理。刘明（2007）遵循斯蒂格勒开拓的从最适合生存的视角研究测度企业规模经济性的新路径，从实践循环经济、建设环境友好型企业和资源节约型社会、承担企业社会责任、促进和谐社会建设、实现人的全面发展的综合视角研究企业新竞争力，依据企业规模与新竞争力之间关系的测度去揭示企业规模经济性。

3.2.2 规模经济的来源——从系统论的角度

综上，一方面，已有研究的视角差别很大，有些研究甚至看起来互不相关；另一方面，这些研究又非常深刻、透彻，揭示了规模经济来源的某些方面。从全面揭示规模经济来源的角度来看，每一种研究成果都很有意义。这就需要我们将这些研究整合起来，把这些研究成果纳入统一的研究框架，这样就能全面、系统、深刻地揭示规模经济的来源。正如前述，系统论就是这样的一个合适的研究框架。

从系统论的角度看，企业就是一个“系统”，规模经济的产生就是系统运行的结果，就是系统功能的体现。规模经济是指企业在一定条件下（要素最佳组合时）的生产能力或产量，单位产品的成本随规模扩大而降低（楚序平，2009）。根据系统论，规模经济来源于各要素聚集在企业这一系统中的规模和结构。

要素聚集的规模是企业规模经济产生的前提，是各要素在企业内相互作用（即产生结构经济）的前提。第一，在一定限度内，企业规模的扩大能够更充分地利用各种生产要素：最直观的表现是能够充分利用固定资产的生产能力，由于固定资产的不可分性，企业的合适规模应该是企业主要（即所谓关键技术）的固定资产生产能力的公倍数；在一个企业内，各种生产要素之间组合的比例各不相同，就固定资产之外的生产要素而言，虽然难以确定它们之间最合适的配置比例，但总体而言，更大的企业规模能使更多要素之间找到更加合理的配置比例，从而提高更多要素的使用效率，节省企业的管理费用、运输费用、储藏费用等。第二，根据新制度经济学的观点，企业的存在及其规模扩大，从而替代市场配置资源时，可以节省包括获得市场信息的成本、谈判和签约的成本、合同风险的成本等在内的交易费用，当然企业同时得付出组织成本。第三，企业规模的扩大为企业进行多元化经营（横向一体化）提供了可能，企业能够因此获得范围经济：首先，多元化经营所产生的外在经济的内部化，形成了源于多种业务活动之间的一系列的外在规模经济效益，如生产本身的外在规模效应、广告宣传的外在规模效应、知识之间的互补所带来的外在规模效应、营销网络建设的外在规模效应等；其次，多元化经营还会带来经营风险的分散，增强了风险承受能力，从而加强企业在市场竞争中的稳健性；再次，成规模的多元化经营，可以使得专门化的研究与开发费用在更大范围内得以分摊，而研究与开发活动的专门化发展又反过来促进了企业多元化经营和企业规模扩张，因而形成某种正反馈；最后，专业技术的多元化本身也为成功的技术开发活动创造了有利条件，这是一种多学科的协同效应在起作用（林金忠，2002）。

系统的本质在于结构，聚集在企业内的各要素之间必定发生相互作用相互影响的关系，因此而导致的成本节约，我们可称之为结构经济。正如马克思所说，一旦劳动过程扩大了自己的规模，较多的工人就能够有计划地一起协同劳动；规模的进一步扩大，就能够产生在分工基础上的协作。如果说，企业规模扩大导致能够更充分地使用生产要素、节省交易费用等只是企业在成本节约及收益提高方面出现量变的话，那么质变必然来源于分工基础上的各生产要素间结构的优化：规模的扩大只是为充分利用生产要素提供了前提，真正按合理比例配置各生产过程及其设备就是一个结构问题；没有各生产要素的很好的组合，交易费用的节省必然为组织费用的迅速提高所抵消。企业内结构的优化更表现为分工和专业化的发展，这将极大提高生产效率及节约生产资源。斯密、马克思、马歇尔、杨格等对此进行了充分的阐述。

规模经济的获得并不是无限的，企业规模的扩大导致企业层级、生产单位的增多，带来包括激励成本、信息成本等在内的组织成本的增加，当组织成本的增加超过了规模扩大带来的包括分工利益、交易成本节省等在内的收益增加时，就出现了规模不经济。

3.3 规模经济的测度——以钢铁业为例

目前国内对于钢铁企业规模经济测度的研究比较多，于淞楠（2004）收集了5年来中国钢铁企业的数据，运用统计学的方法验证在中国钢铁企业中确实存在规模经济性。有些经济学文献采用生产函数的方法分析企业的规模经济性，但生产函数法要求市场是充分竞争的，而且只能针对单产出变量来分析。为了能更全面地测度企业的规模经济性，更多的学者运用DEA模型的研究方法。郝清民（2002）运用数据包络分析（DEA）的方法分析了中国大型钢铁企业与发达国家钢铁企业规模经济的相对有效性，认为中国的大型钢铁企业不仅是DEA无效的而且是规模效益递减的。但该结果是否正确还有待商榷。杨家兵、吴利华（2006）采用2003—2004年数据与DEA方法对23家钢铁工业上市公司的效率进行测度，并根据测度的结果分析上市公司规模效率、技术进步、生产率指标及它们之间的联系，其计量结果与所得结论缺乏逻辑联系。我们采用了2014年数据对中国34家大型钢铁企业进行DEA检测，分析中国钢铁企业规模经济的相对有效性。

3.3.1 DEA模型

3.3.1.1 DEA模型

1978年由著名的运筹学家查恩斯等（A. Charnes, W. W. Cooper, E. Rhodes）提出的第一个DEA模型被命名为CCR模型。此后DEA方法和理论在实际的应用中快速发展并逐步成熟，新的模型被不断地建立，如 BCC 模型（R. D. Banker，W. W. Cooper，1984）、FG 模型（Fare R、Grosscopf，1985）、C^2GS^2 模型（A. Charnes、W. W. Cooper，1985）、C^2W 和 C^2WH 模型（魏权龄、Charnes、Cooper，1986）等。

本书主要介绍 DEA 模型中用来分析规模效益相对有效性的 CCR 模型和用来分析技术进步和生产率的 BCC 模型。DEA 模型假设有 n 个决策单元（DMU），每个决策单元都有 m 种类型的输入和 s 种类型的输出。用 x_{ij} 和 y_{rj} 分别表示第 j 个决策单元 DMU_j 的 i 种输入和第 r 种输出，并假设模型满足凸性、锥性、无效性和最小性公理。

3.3.1.2 CCR 模型

假设有 t 个被评价的同类部分，称为决策单元 DMU，每个决策单元均有 m 个投入变量和 n 个产出变量。如下，其中 x_{ij} 表示第 j 个 DMU 对第 i 种输入的投入量，$x_{ij}>0$；y_{rj} 表示第 j 个 DMU 对第 r 种输出的产出量，$y_{rj}>0$；v_i 表示第 i 种输入的一种度量（或称“权”）；v_iu_r 表示第 r 种输出的一种度量（或称“权”），$i=1, 2, \cdots, m$，$r=1, 2, \cdots, s$。x_{ij}，y_{rj} 为已知数据，可以根据历史资料得到，v_i，u_r 为变量。

对应于一组权系数：$v = (v_1,\cdots,v_m)^T$，$u = (u_1,\cdots,u_n)^T$

输入矩阵				输出矩阵			
x_{11}	x_{12}	x_{1j}	x_{1n}	y_{11}	y_{12}	y_{1j}	y_{1n}
x_{21}	x_{22}	x_{2j}	x_{2n}	y_{21}	y_{22}	y_{2j}	y_{2n}
x_{31}	x_{32}	x_{3j}	x_{3n}	y_{31}	y_{32}	y_{3j}	y_{3n}
x_{m1}	x_{m2}	x_{mj}	x_{mn}	y_{s1}	y_{s2}	y_{sj}	y_{sn}

每一个 DMU 都有相应的效率评价指数：

$$h_j = \frac{u^T y_j}{v^T x_j} = \frac{\sum_{r=1}^{s} u_r y_{rj}}{\sum_{i=1}^{m} v_i x_{ij}}, \quad j = 1,2,\cdots,n \tag{3-1}$$

其中，$x_j = (x_{1j},\cdots,x_{mj})^T$，$y_j = (y_{1j},\cdots,y_{sj})^T$，$j = 1,2,\cdots,n$

可以适当地选取权系数和，使其满足 $h_j \leqslant 1$，$j = 1,2,\cdots,n$

以第 j_0 个决策单元的效率指数为目标，以所有决策单元的效率指数为约束，构造如下 CCR 模型：

$$\mathrm{Max}h_{j0} = \frac{\sum_{r=1}^{s} u_r y_{rj0}}{\sum_{i=1}^{m} v_i x_{ij0}} \quad \text{s. t.} \quad \frac{\sum_{r=1}^{s} u_r y_{rj}}{\sum_{i=1}^{m} v_i x_{ij}} \leqslant 1 \quad j = 1,2,\cdots,n \quad u \geqslant 0, v \geqslant 0 \qquad (3-2)$$

3.3.1.3 BBC 模型

BCC 模型将 CCR 模型原来假设固定规模报酬（CRS）的生产可能集合限制，放松为变动规模报酬（VRS），这样就可以衡量 DMU 的纯技术效率（Pure Technical Efficiency，PTE）。BCC 模型将 CCR 模型所求算的效率值，分解成纯技术效率与规模效率（Scale Efficiency，SE），以了解缺乏效率的原因是纯技术效率或是规模效率。DMU 的规模效率值等于 CCR 模型的效率值（综合效率值 TE）除以 BCC 模型的效率值（纯技术效率），即

$$\mathrm{Max}h_{j0} = \sum_{r=1}^{s} u_r y_{rj0} - u_{j0} \qquad (3-3)$$

$$\text{s. t.} \sum_{i=1}^{m} v_i x_{ij0} = 1 \quad \sum_{r=1}^{s} u_r y_{rj0} - \sum_{i=1}^{m} v_i x_{ij0} - u_{j0} \leqslant 0 \quad u_r \geqslant \varepsilon > 0, v_i \geqslant \varepsilon > 0$$

$$\text{规模效率(SE)} = \frac{\text{TE}}{\text{PTE}} = \frac{\text{综合效率}}{\text{纯技术效率}} \qquad (3-4)$$

CCR 的效率值（TE）反映企业整体的生产经营效率，不考虑规模收益的技术效率，而 BCC 模型反映的是企业的纯技术效率值（PTE），它是考虑规模收益时的技术效率，规模效率（SE）是考虑规模收益的规模效率，纯技术效率和规模效率是对综合效率的细分。$u_{j0}=0$，说明该决策单位在最佳的生产规模下生产，属于不变规模报酬区；若 $u_{j0}<0$，说明该决策单元在小于最优生产规模下生产，属于规模报酬递增区；若 $u_{j0}>0$，说明该决策单元在大于最优生产规模状态下生产，属于规模报酬递减区。

3.3.1.4 DEA 模型在实践中的应用

数据包络分析是一种对具有相同类型决策单元（Decision Making Unit）进行绩效评价的方法，这里相同类型是指这类决策单元具有相同性质的投入和产出，如医院的投入是医护人员、面积、床位数、医疗设备和药品等，产出是门诊病人人次、住院病人人日、代培实习的医护人员数等。同时，DEA 方法也是多个投入和多个产出的同类型决策单元的绩效评定的重要工具。

目前，DEA 方法的应用领域正在不断地扩大，新的模型也在不断地完善和发展，逐渐成为研究相同类型的部门（或单位）间的相对有效性的十分有

用的方法，也是处理一类多目标决策问题的，理论上非常完备的方法，更是经济理论中估计具有多个输入，特别是具有多个输出的“生产前沿函数”（也称生产前沿面）的有力工具。

3.3.2　基于 DEA 模型的 34 家上市钢铁企业的规模经济分析

3.3.2.1　评价指标的选取

DEA 方法能够处理多投入、多产出的情况，由于钢铁企业的固定资本周转慢，我们采用资产总额作为输入指标之一，资产总额是企业的资产总指标，是企业经营的基础，直接影响企业的获利能力，从而影响到企业的经营效率；职工是企业利益的创造者，职工的数量也能反映出企业生产效率的高低。营业收入是一个综合性指标，还能反映公司的发展潜力；净利润是衡量公司效益的重要指标。因此，设置如下指标为 DEA 模型的输入指标和输出指标。

输入指标：资产总额、劳动力数量。

输出指标：营业收入、净利润。

3.3.2.2　DEA 分析数据及结果

表 3－2 列出中国 34 家上市钢铁企业的基本数据；表 3－3 是对这 34 家企业分析的结果。

表 3－2　中国 34 家上市钢铁企业的基本数据

序号	简称	输入指标		输出指标	
		资产总计（亿元）	劳动力（人）	营业收入（亿元）	净利润（亿元）
1	宝钢股份	2 286.53	37 838	1 877.89	60.91
2	武钢股份	960.64	27 760	993.73	12.93
3	河北钢铁	1 703.68	45 430	982.57	7.17
4	酒钢宏兴	531.46	25 674	957.53	0.22
5	太钢不锈钢	763.06	23 697	867.66	2.78
6	鞍钢股份	912.91	39 446	740.46	9.24
7	新兴铸管	532.75	21 015	607.93	5.57
8	马钢股份	685.11	40 382	598.21	2.64
9	华菱钢铁	730.91	31 303	556.73	1.47

续表

序号	简称	输入指标		输出指标	
		资产总计（亿元）	劳动力（人）	营业收入（亿元）	净利润（亿元）
10	本钢板材	491.71	22 620	414.22	3.15
11	柳钢股份	250	10 071	356.19	1.69
12	新钢股份	304.95	20 648	323.7	4.28
13	包钢股份	1 036.66	31 764	297.92	2.01
14	南钢股份	395.38	11 891	278.85	2.92
15	安阳钢铁	321.47	20 290	268.52	0.33
16	三钢闽光	80.37	7 818	180.22	0.32
17	杭钢股份	70.29	6 614	144.49	0.24
18	重庆钢铁	471.52	11 801	122.45	0.52
19	方大特钢	92.87	8 327	115.09	5.99
20	沙钢股份	71.37	4 962	103.08	0.69
21	大冶特钢	50.28	3 765	73.53	2.68
22	西宁特钢	226.87	10 907	73.14	0.72
23	抚顺特钢	116.53	10 318	54.53	0.47
24	常宝股份	39.8	2 208	37.77	2.83
25	金洲管道	26.39	2 075	30.43	0.71
26	久立特材	35.21	2 587	29.02	1.87
27	玉龙股份	39.92	1 129	25.9	1.14
28	银龙股份	12.56	760	19.83	1.31
29	恒星科技	34.19	2 748	18.77	0.47
30	贵绳股份	20.56	4 821	18.48	0.2
31	法尔胜	31.11	2 217	15.52	0.11
32	日上集团	28.27	2 206	13.42	0.4
33	通润装备	8.94	1 153	9.91	0.61
34	鼎泰新材	9.64	796	8.13	0.24

数据来源：Wind 数据库 2014 年钢铁行业年报。

表 3-3 中国 34 家上市钢铁企业 deap2.1 分析结果

序号	企业	综合效率	纯技术效率	规模效率	趋势
1	宝钢股份	1.000	1.000	1.000	不变
2	武钢股份	0.860	0.861	0.999	irs
3	河北钢铁	0.509	0.510	0.998	irs
4	酒钢宏兴	1.000	1.000	1.000	不变
5	太钢不锈钢	0.896	0.898	0.998	irs
6	鞍钢股份	0.518	0.616	0.842	drs
7	新兴铸管	0.762	0.794	0.960	drs
8	马钢股份	0.466	0.502	0.928	drs
9	华菱钢铁	0.467	0.469	0.994	irs
10	本钢板材	0.503	0.534	0.942	drs
11	柳钢股份	0.918	0.930	0.987	irs
12	新钢股份	0.558	0.652	0.856	drs
13	包钢股份	0.229	0.233	0.981	irs
14	南钢股份	0.569	0.581	0.979	irs
15	安阳钢铁	0.432	0.434	0.997	irs
16	三钢闽光	1.000	1.000	1.000	不变
17	杭钢股份	0.929	0.935	0.993	irs
18	重庆钢铁	0.240	0.253	0.946	irs
19	方大特钢	0.734	1.000	0.734	drs
20	沙钢股份	0.738	0.745	0.990	irs
21	大冶特钢	0.800	0.999	0.801	drs
22	西宁特钢	0.189	0.197	0.957	irs
23	抚顺特钢	0.211	0.234	0.947	irs
24	常宝股份	0.744	1.000	0.744	drs
25	金洲管道	0.595	0.646	0.922	irs
26	久立特材	0.518	0.631	0.821	drs
27	玉龙股份	0.628	0.780	0.804	irs
28	银龙股份	1.000	1.000	1.000	不变
29	恒星科技	0.283	0.356	0.794	irs

续表

序号	企业	综合效率	纯技术效率	规模效率	趋势
30	贵绳股份	0.425	0.587	0.723	irs
31	法尔胜	0.253	0.365	0.693	irs
32	日上集团	0.250	0.381	0.658	irs
33	通润装备	0.688	1.000	0.688	irs
34	鼎泰新材	0.444	1.000	0.444	irs

3.3.3 34家上市钢铁企业的规模经济分析

3.3.3.1 规模效率评价

上述分析结果显示，按照规模经济效率不变、递增和递减的标准，可以将中国34家钢铁上市企业分为三类。

第一，规模效率不变。通过表3－3可以看出，在经过DEA测算的34家中国上市钢铁公司中，只有宝钢、酒钢宏兴、三钢闽光和银龙股份这4家企业是DEA有效的，这说明中国钢铁行业中的大多数企业都是规模经济无效的，而这其中也只有宝钢股份的粗钢产量位于全球粗钢产量前十，位居第四。表3－3中的数据表明，以宝钢公司为代表的这4家企业的综合效率、纯技术效率以及规模效率都是有效的，规模经济不变，这类企业规模的大小处于一种良好的状态，在这个规模下企业的收益得到了最大化。

第二，规模收益递增。在我们测评的34家国内钢铁上市公司中有21家企业是规模效率递增的，这部分钢铁企业占测评总数的61.76%，这说明中国钢铁行业上市公司规模普遍偏小，不少企业仍未达到经济规模，处于规模收益递增阶段，其中位居全球粗钢产量第3名的河北钢铁集团、第6名的沙钢集团以及第8名的武钢集团都处于规模收益递增的阶段。处于这一阶段的企业应该适度扩大企业规模，争取使企业的规模效率达到最优。

第三，规模收益递减。从表3－3可以看出，参与测评的其余9家钢铁公司处于规模收益递减的阶段，这一阶段中的企业没有实现规模经济有效，其中的典型代表是位居全球粗钢产量第7名的鞍钢集团。鞍钢集团的综合效率指数为0.518，纯技术效率指数为0.616，规模效率为0.842，目前处于规模收益递减的阶段，可见目前鞍钢集团的主要问题在于技术水平低，鞍钢集团的纯技术效率只有0.616，在接下来的一段时期内，鞍钢集团应该注重提高企业的技术水平，同时调整企业结构，提高规模效率。

3.3.3.2 纯技术效率分析

从表3-3可以看出，我们测评的34家国内钢铁上市公司中有宝钢股份、酒钢宏兴、三钢闽光、方大特钢、常宝股份、银龙股份、通润装备、鼎泰新材等8家企业纯技术效率指数达到1，这说明这8家钢铁企业在技术上达到比较适宜的程度；其中宝钢股份、酒钢宏兴、三钢闽光、银龙股份这4家企业在纯技术效率指数为1的同时，规模效率指数也为1，这类企业一般发展较好；其余的方大特钢、常宝股份、通润装备和鼎泰新材这4家企业的纯技术效率指数为1，但是规模效率指数都没有达到1，通过表3-3的分析结果可知，通润装备和鼎泰新材这2家企业处于规模报酬递增的阶段，这类企业可以通过适度扩大企业的规模来使企业取得进一步的发展，进而提高规模效率。方大特钢和常宝股份这2家企业处于规模报酬递减的阶段，这类钢铁企业在现实中遇到了两难困境，即由于处于规模报酬递减的阶段，一味地扩大企业规模并不能帮助企业走出困境，同时由于企业的纯技术效率指数已经达到1，所以通过提高技术水平来解决这类钢铁企业的发展问题也是举步维艰。因此，对于这类企业，最好的建议莫过于重组企业结构，通过企业内部自身的优化来帮助企业安全度过瓶颈期。

4 碳税征收、规模经济与重工业产业组织结构的变化

4.1 重工业产业组织结构

4.1.1 产业组织结构

4.1.1.1 产业组织结构的概念

产业组织结构，是指产业（或市场）内企业之间的结构和关系，既包括企业规模结构（即不同规模类型的企业在产业内的比重），又包括产业内企业间分工协作关系。产业市场集中度是反映产业内企业规模结构的指标体系中最常用、最简单易行的一种，主要反映产业内企业之间的市场份额分布状况。对于产业内不同规模的企业，当它们生产同一类别的产品时，它们必然存在竞争关系；当它们生产不同类别的产品时，它们之间是一种分工关系，只有考虑不同类别产品之间的替代性的时候，它们之间才是竞争关系。

产业组织结构是否合理，既直接关系到企业在市场机制下的竞争活力，企业是否有足够的动力和压力来促进技术进步、改善经营管理、降低成本，又关系到企业能否充分利用规模经济，避免过度竞争带来的低效率。一个国家各产业的产业组织结构，既是影响产业本身发展的重要因素，也事关国民经济整体素质和国际竞争力水平。

4.1.1.2 产业组织结构的影响因素

从形成机制上看，市场在特定产业组织结构形成中起基础性作用，在市场竞争过程中，通过交易费用和组织费用的权衡，企业会找到实现利润最大化目标的规模边界。由于市场机制不完善及可能出现的市场失灵等各种原因，国家干预对于产业组织结构的形成也会发挥重要的作用，一个国家的产业组织政策对于一个行业的产业组织结构的形成也会产生重要影响。

上述产业组织结构的形成机制是针对实行市场经济体制的国家的，但无论是从历史的角度还是从现实的角度，并非所有的国家都实行市场经济体制。在中国实行计划经济体制的时期，企业是计划体制的微观基础，企业规模大小要看其是否有利于国家用计划的方式来配置资源，是否有利于提高生产的效率。可以看出，经济体制是影响产业组织结构的重要因素。此外，国家的发展战略也是影响产业组织结构的重要因素，在实行赶超战略的国家，国家倾向于集中更多的资源推动经济增长，这可能导致建立更多更大规模的企业，从而压缩中小企业的发展空间。

在相同的经济体制和经济运行机制下，不同行业的产业组织结构有很大的不同，这表明除了经济体制等这样的环境因素外，产业内在的特点是决定产业组织结构的重要因素。在市场中，企业经营的目标是利润最大化，在存在规模报酬递增的行业，先进入的企业会持续扩大规模，使企业在市场中处于垄断地位，其他企业难以撼动其在市场中的优势地位。同时，在国内技术水平相对较先进的产业，相对于使用手工劳动的行业，产业中掌握更先进技术的企业有机会获得竞争优势，扩大规模，在产业中占据主导地位。可见，在特定的环境下，产业特点和技术水平是影响产业组织结构形成的根本因素。

4.1.2 重工业产业组织结构

对于重工业人们有不同的定义。《中国统计年鉴》对重工业的定义是：为国民经济各部门提供物质技术基础的主要生产资料的工业。根据这种定义，按其生产性质和产品用途，重工业可以分为下列三类：第一，采掘（伐）工业，即对自然资源进行开采的工业，包括石油开采、煤炭开采、金属矿开采、非金属矿开采和木材采伐等工业；第二，原材料工业，指向国民经济各部门提供基本材料、动力和燃料的工业，包括金属冶炼及加工、炼焦及焦炭、化学、化工原料、水泥、人造板以及电力、石油和煤炭加工等工业；第三，加工工业，是指对工业原材料进行再加工制造的工业，包括装备国民经济各部门的机械设备制造工业、金属结构、水泥制品等工业，以及为农业提供生产资料如化肥、农药等工业。重工业的另一种定义方法是根据产品单位体积的相对重量将工业划分为轻重工业，产品单位体积重量大的工业部门就是重工业。属于重工业的工业部门有钢铁工业、有色冶金工业、金属材料工业、机械工业和化学工业等。

重工业生产的是一个国家主要的生产资料，决定着一个国家的装备水平、技术实力和竞争实力，其产品体积大、重量大，这决定了重工业具有自己的特点：第一，重工业需要的投资规模巨大、建设周期长；第二，重工业需要大量的投资，占用大量的土地，是资本密集型产业、土地密集型产业；第三，在资本结构上，固定资本所占比重大，资本周转速度较慢；第四，在资本技术特点上，资本专用性强，固定资产转移用途的话，其机会成本巨大；第五，产业发展对技术的依赖大，对技术水平要求高；第六，重工业产品作为中间需求产品，产品具有标准化的特点，产品结构复杂，存在规模报酬递增，容易形成垄断性和进入壁垒；第七，产业的外部性强，社会目标明显，能支撑其他产业发展，对一个国家产业竞争力和技术进步承担重大责任。

基于重工业的上述特点，重工业中的大多数行业容易形成寡头垄断的产业组织结构，少数大企业占据了市场中的大多数的市场份额，众多中小企业分享剩下的市场份额，生产产品满足某些细分市场消费者的需要，或者为大企业提供零部件。

4.2 产业组织结构与规模经济的关系

4.2.1 产业组织结构与产业集中度

产业组织结构主要包括产业内企业规模结构和产业内企业间分工协作关系。产业内企业间分工协作关系反映了产业内部不同企业之间的关系，这种关系对于产业发展极为重要，但对于产业内的任一企业而言，它属于外部规模经济的范畴，并非本章研究的对象，因此本章主要探讨产业集中度与企业规模经济的关系。

产业集中度（Concentration Ratio）是衡量产业市场结构的指标体系中最简单易行、最常用的一种，主要表示产业内企业之间的市场份额分布状况，是反映市场寡占程度的一个指标。随着一个产业的诞生、发展和走向成熟，产业内企业的数量和产业集中度会不断发生变化，最终达到一个相对稳定的状态。对于多数产业而言，产业发展的初期，集中度比较低；随着产业的发展，技术和管理方法不断成熟，出现了企业间的兼并重组和优胜劣汰，部分企业发展壮大，而更多企业被兼并或淘汰，市场集中度逐步提高，趋于稳定。

霍尔和泰德曼（1967）认为，集中度的度量指标值要在区间 0 ~ 1 之间，与产业的规模无关①。有两个因素影响产业的集中度，一是产业内厂商数量的多少，二是厂商之间市场份额的分配，只有反映这两个因素的指标才是科学和合理的。衡量产业集中度的方法有绝对法和相对法：绝对法是计算产业内

① Hall M and Tideman N. Measures of Concentration [J]. Journal of American Statistical Association, 1967 (62): 162 - 168.

前几位厂商的市场份额，常用的指标有集中度系数和赫芬达尔—赫希曼指数；相对法主要有两种，一是洛伦茨曲线和基尼系数，二是厂商规模的对数方差。

4.2.1.1 集中度的度量方法——绝对法

集中度系数（CRn）是指产业内规模最大的前 n 个厂商的份额占产业总份额的比重，它的计算各国不完全相同。就钢铁企业来说，它表示前 n 名钢铁企业年钢产量占全国年钢产量的比率。美国一般计算 CR4，CR8，CR20，CR50，日本一般计算 CR3，CR4，CR5，CR8，CR10，而英国是通过计算 CR5 来分析评价产业的集中度。日本学者植草益根据 1963 年的数据，对日本的市场结构进行了粗略分类，分为竞争型和寡占型，竞争型又被分为分散竞争型和低集中度竞争型，寡占型又被细分为高度寡占型和极高寡占型。

另一种计算产业集中度的绝对法是赫芬达尔指数（Herfindal Index，HI），HI 指数能够检验在一个既定集中度的市场中，厂商的规模是否均匀分布，HI 指数能够比较敏感地反映厂商所占市场份额的变化，利用 HI 指数能比较容易地识别出产业集中度的变化，而且对离散值更为敏感①。HI 的计算式为：

$$HI = \sum_{i=1}^{n}\left(\frac{X_i}{T_i} \times 100\right)^2$$

其中，n 为行业中企业的总数，T_i 为该行业的总产量，X_i 为每个企业的产量。如果该行业内所有企业的规模相同，HI 的值为 10 000/n，此时行业的集中度最低。从公式中可以看出，HI 指数对数据的要求较为苛刻，需要用到行业中每个企业的产量数据。实际上，在计算 HI 指数时，可以不用包含所有的企业，以钢铁业为例，只需把占全国钢产量 80% 以上的 60 多家钢铁企业假定为一个完整的市场，来计算 HI 指数和评价钢铁业集中度的情况。根据 HI 指数，可以把市场结构分为 6 种基本的类型，分别为：极端分散型（HI < 100）、高度分散型（100 ≤ HI < 200）、分散竞争型（200 ≤ HI < 500）、低集中竞争型（500 ≤ HI < 1 000）、低度寡占型（1000 ≤ HI < 1 800）、高度寡占型（HI ≥ 1 800）。在 6 种基本类型的基础上，再根据集中度和企业的数量，细分出各种市场结构类型。

4.2.1.2 集中度的度量方法——相对法

度量产业集中度相对法的洛伦茨曲线，纵轴是厂商市场份额比重的累计，

---

① 刘玉，焦兰英．论我国钢铁工业集中度［J］．钢铁，2004（12）：71－75.

横轴是规模从小到大排列的厂商数量比重的累计，对角线45°线为厂商规模的绝对平均线，表示各个厂商的规模相等，各个厂商平均分配市场份额，90°线表示厂商规模的绝对非平均线，即独家垄断，45°线与90°线之间的曲线是向下弯曲的曲线，该曲线越是凸向右下角，产业集中度越高；越是接近对角线，则产业集中度越低。图中阴影部分的面积越大，则厂商规模的差异越大，产业集中度越高（参见图4-1）。

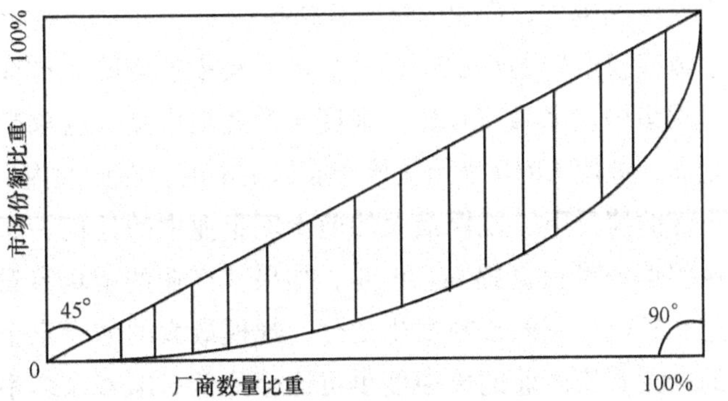

图4-1　洛伦茨曲线、基尼系数与厂商的规模差异

在洛伦茨曲线的基础上可以推导出衡量集中度的基尼系数；基尼系数作为一个集中度的度量指标，是洛伦茨曲线反映出来的特定产业中厂商规模的具体差异，基尼系数的值是洛伦茨曲线和对角线围成的面积占图中右下角三角形面积的比值，公式为：

$$基尼系数 = \frac{洛伦茨曲线与对角线围成的面积}{对角线右下方三角形的面积}$$

根据基尼系数的定义，基尼系数越大，产业内厂商的规模相差越大，产业集中度越高；基尼系数越小，厂商规模相差越小，集中度越低。洛伦茨曲线和基尼系数直观、形象地反映产业的集中度，但其受到厂商数量的影响较大，没有考虑到整个产业内厂商的数目。

综上所述，绝对法反映了产业内几家最大厂商的集中度，而没有考虑整个产业内厂商的数量和规模的差异；相对法侧重于考察整个产业内厂商的规模差异，而没有考虑到前几个最大厂商对市场价格、竞争的影响，因此，两种方法各有利弊，在实际研究中，通常综合运用绝对法和相对法①。

4.2.2 产业集中度与单个企业规模大小的关系

通过产业集中度的定义和度量方法，我们可以看出，产业集中度是产业内厂商的数量和规模的分布情况共同确定的，单个企业的规模和集中度有一定的关联②，但是产业集中度反映的是企业规模的相对分布状况，与单个企业的规模并不是直接的对应关系。但对于某一产业及设定该产业的一定规模，个别或几个企业规模越大，产业的集中度越高。

在产业总体规模既定的情况下，高的产业集中度意味着产业内单个企业的规模较大。用集中度系数（CRn）来度量产业集中度，选取产业内规模最大的前十家企业，即用CR10来衡量该产业的集中度，在产业内厂商数量和其他厂商规模不变的情况下，规模最大的前十家企业中的任何一家企业的规模扩大，该产业的集中度就会提高。但是，如果该产业的市场容量扩大，产业内厂商的数量和其他厂商的规模发生变化，规模最大的前十家企业中的某一个厂商规模的扩大，该产业的集中度也可能会降低；随着众多中小企业的数量和规模的扩大，该产业的集中度可能会降低，大企业对市场的控制能力可能会削弱。

产业集中度与市场份额和市场影响力有很密切的关系。在规模较大的产业或市场中，规模相对较小的企业也可能在某个细分市场中占有很大的比重，该细分市场的产业集中度就很高。以钢铁业为例，由于分工和专业化的成果显著，在某些细分市场中，也能实现很高的细分产业集中度，有些规模较小的钢铁企业在某些细分市场中所占的比重达到40%，甚至更高。

4.2.3 规模经济与产业集中度的关系

规模经济来源于生产要素在企业内聚集的规模和结构，对于单个企业，在一定限度内，在企业内要素结构不变的条件下，规模经济的大小与企业的规模成正比；而在市场规模和产业内企业数量既定的条件下，产业集中度与产业内规模最大的那些企业的规模呈正相关关系；可以看出，规模经济与产

① 杨蕙馨．产业组织理论［M］．北京：经济科学出版社，2007：54.
② 陈凌．闲话产业集中度［J］．中国钢铁业，2005（6）：25.

业集中度之间存在极为紧密的关系。

首先，规模经济是产业集中度提高的动力和原因。尽管企业竞争的形式各不相同，但竞争最终都必然直接表现在经营成本上。在一定限度内，随着某些企业规模的扩大，单位产品的成本会降低，企业的利润增加，即出现规模经济效应，此时，这些企业的竞争力就会增强，企业就能持续提高其市场份额，产业集中度随之提高。从客观上说，规模经济是企业得以扩大规模、提升竞争力并有条件扩大规模的原因；从主观上说，追求规模经济是企业通过扩大投资、兼并等方式扩大生产规模的原因。对于任何产业，企业规模扩大，都能获得协作利益、分工利益以及各种费用的节省，在这种收益增加超过成本增加的范围内，企业持续获得规模经济利益；对于不同的行业，收益增加超过成本增加的界限并不相同，或者说其出现规模不经济的临界点并不相同；对于重工业而言，由于具有不可分性特点的固定资本在总资本中所占比重大，单个设备规模巨大且生产产品数量多，产品具有标准化的特点等原因，企业出现规模不经济的临界点是一个很大的产量规模，在这个临界点内，企业规模报酬递增效应持续存在，巨型企业与规模较小的企业相比存在巨大的成本优势和竞争力优势。对于重工业，在技术既定的条件下，规模经济是获得竞争优势的决定性因素。

其次，产业集中度是规模经济产生的前提。规模经济毕竟是一个结果，是企业规模扩大的结果。从动态角度，企业因追求规模经济而扩大企业生产规模，但在一定时间点上，产业集中度是既定的，因此其规模经济效应也是既定的；从横向比较的角度看，一个国家的某一产业的组织结构的现状决定了该国在该产业上的国际地位和竞争力。这一关系的政策意义在于国家可以通过一定手段在较短时间内提高某一产业的集中度，使产业内的主要企业能够产生规模经济效应，从而较快提高该产业在国际上的竞争力。

可以看出，在一定限度内，产业集中度和规模经济效应存在累积循环的因果关系。对于某一产业，这种良性互动一旦形成，产业将获得持续的发展动力。

4.3 碳税征收、产业集中度与规模经济效应

碳税征收对产业集中度的影响主要通过以下两方面的途径实现：一是碳

税征收使得一些能源利用效率和经济效益比较低的企业的经济效益进一步下降，无法承受碳税负担，直接退出该行业；二是碳税在一定程度上提高了行业的进入壁垒，阻碍新企业的进入，特别是对能源依赖度比较高的重工业。碳税征收正是通过影响企业进入和退出机制而影响产业集中度，使得产业内企业保持或扩大生产规模，提高产业的集中度。

4.3.1 碳税征收与部分企业的退出

“退出”指企业退出原来的生产经营领域，放弃生产或提供某种产品或服务，包括主动退出和被动退出两种，前者是指企业发现其所在市场接近饱和、盈利较低，或者发现更好的获利机会，主动地选择退出；后者是指在市场竞争中经过优胜劣汰遭到淘汰，其产品或者服务不能得到市场的认可或者成本过高无法维持正常的生产经营，企业在市场中无法获利而被动地退出，并非心甘情愿的选择。

市场退出是企业的一种收缩行为，主要有规模收缩和范围收缩两种，规模收缩是指原有生产规模的缩小，范围收缩是指产品线的减少，即多元化的减少。退出市场意味着厂商停止生产，卖掉现有的资产或者改变现有资产的用途。退出的基本形式有停产、倒闭、出售、产权转让等。退出有三种不同的方式：一是全部退出，关闭原有的工厂和业务，一次性出售固定资产等，资产的专用性限制了其在二手市场上的价格，使得不能完全收回成本，因此全部退出的代价较高。二是逐步退出，也就是当经营出现问题的时候，终止或者大量削减对不景气业务的投资并尽快收回利润，逐步退出原有业务领域，同时考虑新的、有前景的业务领域，这种退出方式比较缓和，成本较低，对企业来说比较容易接受。第三种方式是指同一行业中企业之间的兼并重组，使该行业中企业的数量减少，通过兼并重组构建规模更大的企业；规模更大的企业拥有规模经济的优势，有实力进行生产设备的更新和技术的研发，能够获得更高的经济效益和提升能源利用效率。

企业退出市场的原因有很多种，包括经营管理不善、战略失误、所有者的退休或健康原因、无力清偿债务、税负过重、经济效益过低等。在普华永道（Price Waterhouse）和劳埃德银行（Lloyds Bank）的资助下，伯利等（Sue Birley & Paul Westhead）于1989年在欧洲克兰菲尔德管理学院进行了一项关于企业退出的调查研究，该研究主要采用问卷调查的方式对2 000名企业所有者进行问卷调查；发布的研究报告显示：对于企业退出的原因，16.4%的企业是因为战略失误导致企业退出市场，24.6%的企业是由于所有者退休或者健康的原因而选择退出市场，23.9%的企业是由于管理不善而退出市场，28.7%的企业是由于破产的原因不得不关闭，值得关注的是，0.1%的企业因为经济效益过低，4.4%的企业是由于无力承担过重的税负而退出市场的。该项研究还涉及企业退出的方式，一般情况下，企业更倾向于通过出售的方式退出市场，即把企业卖给新的所有者或者通过管理层收购，除非无法出售或清算比出售更能减少企业的损失时，企业才会选择清算的方式，在企业退出市场的方式上，清算往往是一个次优的选择。

钢铁业等重工业在生产过程中消耗大量的煤、石油等化石燃料，产生大量的二氧化碳。中国钢铁工业能源消耗占全国总能耗15%左右，二氧化碳排放量约占全国排放量的12%①。中国钢铁行业产业组织结构的特点是：一方面，行业集中度较低，大量中小钢铁企业存在，平均生产规模过小，国务院2009年颁布的《钢铁产业调整和振兴规划》显示，中国粗钢生产企业的平均生产规模不到100万吨②；另一方面，中国已经形成了一些大型的钢铁企业集团，如首钢、宝钢等，这些钢铁企业的粗钢产量已经在世界上名列前茅。与此相对应，中国钢铁企业的经济效益、能源利用效率也呈现出比较大的差别：大量中小钢铁企业使用的设备落后、污染严重、容量小，单位能耗要比大型设备高10%～15%，这些钢铁企业的经济效益和经营效率偏低；而部分大型钢铁企业具有规模经济的优势，经济效益较好，有充足的资金实力进行生产设备的更新换代和节能减排技术的研发，其能源利用效率也比较高，已经达到国际先进水平。

煤、石油、天然气等化石燃料的使用是产生二氧化碳的主要来源，如果征收碳税，钢铁等能源消耗大的重工业必将受到较大的影响。行业内企业的规模、能源利用效率、经济效益不同，其受到的影响也有很大的差异。一方面，宝钢、首钢等大型的钢铁企业具有规模经济的优势，在一定条件下生产单位产品的平均成本递减，化石燃料作为和原材料一样的生产投入品，随着生产规模的扩大，单位产品的平均能源消耗量同样递减，即吨钢能耗水平递

① 中国产业洞察网．钢铁行业能源消耗分析．摘自 http://www.51report.com/invest/3058447.html。

② 钢铁产业调整和振兴规划，国务院2009年3月21日文件．

减；也就是说，具有规模效应的大型钢铁企业的能源利用效率高，吨钢所分摊的碳税负担较小。此外，规模效应高的企业有较高的利润率，企业本身有足够的资金实力承受纳税负担，一旦开始征收碳税，其适应能力比较强，经营不会受到大的冲击；大型钢铁企业也拥有实力和技术推动节能减排项目和技术的开展，进一步降低化石燃料的消耗、提高能源的利用效率。另一方面，与少数大型钢铁企业形成明显对比的是：为数众多的中小钢铁企业，其规模较小、经济效益较低、能源利用率也较低，如果中国开始征收碳税，这些钢铁企业将会不堪重负，从而亏损甚至破产。

正如伯利等（Sue Birley & Paul Westhead）1989 年发布的研究报告所说，企业退出市场偏向于选择出售的方式，在征收碳税的影响下，中国中小钢铁企业也会优先选择通过出售的方式退出市场，根据钢铁行业的特点和现状，购买这些中小钢铁企业的只能是那些规模较大的钢铁企业，大型钢铁企业集团购并、重组、改建小型钢铁企业，对中小型钢铁企业进行资产重组和生产设备的更新改造，从而使兼并重组后的钢铁企业达到更大的生产规模，提升产业集中度。

4.3.2 碳税征收与行业进入壁垒的提高

在产业组织理论中，“进入”是指企业进入新的生产经营领域，开始生产或提供相应的产品或服务，或提供相应产品或服务的替代品。为了能够成功地进入到某一新的生产领域，进入的战略决策和选择问题非常重要：新进企业要么拥有技术上的优势，要么能够以更低的成本、更高的效率提供产品、服务或其替代品。从进入的方式上看，企业必须选择一个合适的进入方式，以便在新的业务领域中站稳脚跟。

具体来说，在生产产品或者提供服务的技术方面，进入者可以选择“模仿”或者“创新”的方式。“模仿”是指新进入者全部或者部分复制已有企业的活动和方式，进入者一般以较低的价格或者附加的服务作为竞争手段，这种进入方式适合进入壁垒不高、生产技术较成熟、消费者偏好比较稳定的业务领域，“模仿”进入会在一定程度上降低产品或服务的价格，但这种进入方式对市场结构及其变化不会产生深远的具有革命意义的影响。“创新”进入方式是指进入者拥有新的技术手段，能够给消费者提供新的、具有不同特点的产品或服务，以产品或服务的差异与已有企业展开竞争。当市场处于上升期，产品的差异比价格对消费者更有吸引力时，新进入者会选择创新的方式，这种方式对市场的结构、市场发展方向、消费者的选择偏好等都会产生比较重要的影响。从新进入者创立企业的方式来看，可以是白手起家，创立一个全新的企业，也可以是并购或内部发展的方式。在实践中，进入者可能会选择白手起家的方式进入新的领域，但是其成功率比通过并购或内部发展方式要低。并购进入是指新进入者通过购买一个新业务领域中的企业进入，这是常用的进入或扩大市场的方式，并购后的企业面临着资产和文化的整合，需要企业拥有先进的经营管理水平，并且耗费大量的资源。内部发展的方式是指企业在原有业务领域的基础上进行多元化经营，包括创立新的生产技术、生产条件、分销渠道和销售网络等。

在实际的市场竞争中，进入者往往综合选择多种方式，以提高进入新业务领域的成功率，例如，企业要进入一个新的领域，在技术上可以选择创新的方式，在进入的方式上可以选择并购原有领域中的一家企业，然后加以改建、重组。根据杰罗斯基等学者的研究，高的市场进入率往往与高的效率改进率或高的技术创新率相联系。

每一个新的业务领域，必然存在一定的进入壁垒。进入壁垒是指企业进入某一新的业务领域遇到的障碍和困难，它对行业内厂商的数量和规模有决定性的影响，深刻影响着行业的集中度和企业的市场份额。不同行业的进入壁垒有较大的差异，有的行业进入壁垒较高，而有的行业进入壁垒较低。如果一个市场的进入壁垒较高，潜在进入者的威胁不足，已有企业就能取得超额利润，市场的竞争活力不足，生产效率和技术进步水平一般较低；而在进入壁垒较低的市场上，有大批的企业随时准备进入，已有企业面临着较大的竞争压力和挑战，市场的竞争程度较高。

进入壁垒可以分为三大类：经济性（结构性）的进入壁垒、行为性（策略性）的进入壁垒、政府规制进入壁垒。经济性的进入壁垒源于产业本身的特征，包括技术、成本、规模经济、市场容量、消费者偏好等方面的障碍和困难。技术障碍是指新进入者在获取行业内关键技术时所遇到的困难；成本障碍是指已有企业比新进入者在成本方面具有的优势，已有企业的成本优势越大，进入壁垒就越高；规模经济障碍是指在存在规模报酬递增的行业中，厂商获得最低规模经济效应的规模越高，进入壁垒就越高，因为新进入者由于资金、设备、人才、技术等方面的限制无法达到较大的初始规模，以取得规模经济的优势；市场容量障碍是指市场容量对新进入者的影响，市场容量小的行业，已有厂商的竞争程度较高，对新进入者较敏感，有较强的排斥性，而市场容量大的行业中，对新进入者的排斥性较小，进入壁垒相对较低；消费者偏好障碍是指由于消费者对已有产品或服务已经形成偏好，这就要求新进入者能够提供更加优质的产品或更具吸引力的价格，同时产品的促销宣传也需要一定的成本。行为性的进入壁垒是指已有企业的行为导致的进入壁垒，已有企业会采取某种行动提高进入壁垒，或者威胁要对新进入者进行报复等。政府规制壁垒是指政府把某些产品的生产经营权特许给少数企业，限制其他企业的进入，或者用法律法规对专利权进行保护等。

碳税的征收会使钢铁等重工业的进入壁垒提高：首先会导致节能减排技术方面的进入壁垒，征收碳税的主要目的是提高企业的能源利用效率，减少二氧化碳的排放，因此对企业节能减排技术提出了更高的要求。以钢铁业为例，大型的钢铁企业有技术优势和资金实力开展节能减排项目，从而提高能源利用效率，而潜在的进入者往往无法与已有企业抗衡。其次是规模经济方面的进入壁垒，钢铁等重工业作为国民经济的基础行业，属于资本密集型和资源密集型行业，有显著的规模经济特征，企业规模和企业经济效益之间存在着很大的关系，根据相关研究文献，其规模经济曲线呈 L 型或 U 型，随着生产能力的扩张，平均成本呈下降趋势，或者至少在某一产量之前，平均生产成本是下降的。以钢铁业为例，美国、日本等发达国家钢铁业的发展经验告诉我们，提高产业集中度能够推动钢铁业向专业化、大型化和现代化方向发展。

钢铁行业需要较多的固定资本投资，获得最低规模经济效应对于企业规模的要求较高，国际上许多成功的钢铁公司都是发展多年，其规模效率和盈利能力都较好，钢铁行业的新进入者能否拥有足够的实力达到较大初始投资规模是其能否成功进入钢铁行业的重要因素。在征收碳税的情况下，具有较大生产规模和较高规模效率的企业具有更加明显的竞争优势，因为具有规模经济的企业有较高的经济效益和能源利用效率，单位产品碳税负担较小且承担碳税成本的能力更强。新进入者为了与已有企业进行竞争，必须达到一定的生产规模。因此，征收碳税能够提高钢铁业等重工业的进入壁垒，从而有利于提高重工业的产业集中度。

根据贝恩（Bain）的研究，行业的集中度与行业的利润率正相关，重工业产业集中度的提高，能提高行业的利润率和经营效率。虽然碳税的征收增加了企业的成本，对企业造成一定程度的不利影响，但是碳税也促使规模较小、技术落后、效率低下的中小企业遭到淘汰，还在一定程度上提高了重工业的进入壁垒。根据产业组织结构的理论，在市场需求扩大或者不变的前提下，提高行业进入壁垒、加速淘汰落后产能会使一些企业市场份额扩大，从而提高产业的集中度。因此，如果结合适当的产业结构调整政策，碳税的征收就能够成为产业结构调整的新契机，从而促进整个行业发展迈向一个新的台阶，使整个行业的利润率和经营效率得到提高，促进中国钢铁业等重工业的发展。

综上，在碳税征收、重工业产业组织结构与规模经济之间将形成如下关系：碳税征收将增加重工业企业的能源成本，从而降低企业的经济效益，效益较差的中小企业将遇到经营困难甚至被兼并或破产，同时，较高的能源成本等进入壁垒将增加资本进入行业的困难，最终导致重工业产业集中度的提高，产业内规模较大的企业将分享退出企业原有的市场份额，这些规模扩大的企业得到规模报酬递增的好处。更进一步，这些规模扩大的企业将在市场中获得更大的竞争优势，这可能使得这些企业进一步扩大规模，产业集中度进一步提升，这样，产业集中度提升和规模经济之间形成了因果关系的循环累积，大企业乃至整个行业的经济效益进一步提高，从而部分抵消因碳税征收导致的企业成本的增加。

5　碳税征收、规模经济与能源效率的变化

5.1　碳税征收、能源成本与能源效率

5.1.1　碳税征收与重工业企业能源成本的增加

5.1.1.1　碳税征收与重工业企业能源成本的增加

碳税是指以减少二氧化碳的排放为目的，对化石燃料（如煤炭、天然气、汽油和柴油等）按照其碳含量或碳排放量征收的一种税（苏明等，2009）。碳税征税对象是在生产、经营等活动过程中因消耗化石燃料而向自然界排放的二氧化碳，因此，碳税的直接负担会落在使用化石燃料的企业或个人身上。

碳税征收将增加重工业企业的能源成本。重工业在生产过程中会消耗大量能源，在中国，金属冶炼及加工业、非金属矿物制品业、造纸及纸制品业等都是重工业。以钢铁业为例，从铁矿石、煤等原材料的开采、运输，到钢铁产品的制造、使用、最终废弃和回收过程，都需要大量消耗能源，能源成本一般占制造总成本的20% ~30%（雷红丽，2009）。

根据《中国统计年鉴》，中国工业及重工业能源消耗总量处于持续增长中，2013 年，全国工业能源消耗总量达 29.11 亿吨标准煤（见图 5 –1），占全国能源消耗总量的 69.3%；在近十年内，这一比重一直在 65% 至 70% 左右。2013 年，全国重工业能源消耗总量达 20.39 亿吨标准煤，占全国工业能源消耗总量的 70%。可见，钢铁、石油化工、机械等高耗能重工业发展支撑了中国经济的快速增长，但也使得能源消耗总量快速递增。

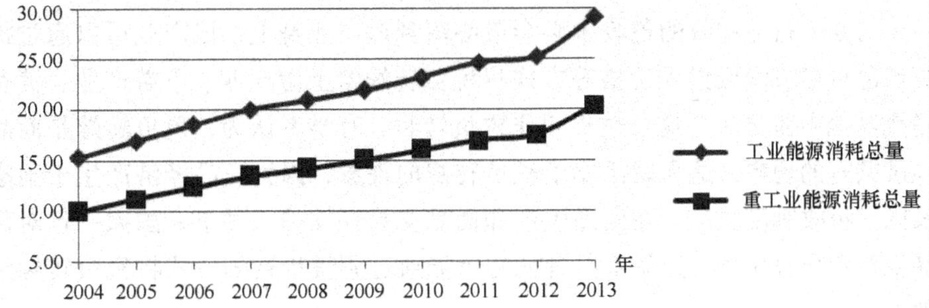

数据来源：《中国统计年鉴》(2004—2013)。

图 5 –1　中国 2004—2013 年工业及重工业能源消耗总量

对重工业征收碳税将提高能源的市场价格，从而进一步增加能源使用者的能源成本。征收碳税将从不同方面影响能源的价格。首要也是最重要的因素是，能源产业也是能源密集型产业，也要消耗大量的能源，征收碳税会直接提高这些产业的能源成本，必然提高这些产业的产品即能源的价格。根据表5－1，能源产业包括煤炭开采和洗选业、石油和天然气开采业、石油加工、炼焦及核燃料加工业、电力、燃气及水的生产和供应业等消耗的能源占工业能源总消耗量的21.62%。由于能源成本的增加以及碳税征收的导向意义，整个社会对于能源的需求将减少，从而产生抑制能源价格上涨的作用。总体而言，成本的提高是对能源价格上涨的硬约束，征收碳税必然导致能源价格的上涨。

表5－1　能源产业的能耗及占工业能耗的比率

产业名称	能耗（万吨标准煤）	各行业能耗占工业总能耗的比率（%）
工业	295 686.44	100
煤炭开采和洗选业	13 079.88	4.42
石油和天然气开采业	4 263.82	1.44
石油加工、炼焦及核燃料加工业	20 217.46	6.84
电力、热力的生产和供应业	25 673.54	8.68
燃气生产和供应业	709.02	0.24
合计	63 943.72	21.62

数据来源：《中国统计年鉴》（2015），来自国家统计局官方网站。

5.1.1.2　碳税的税负转嫁

对某一行业增收的税收未必会最终落到该产业身上，该产业可以通过提高产品价格或降低投入价格等方式将税负转嫁给上游产业、下游产业、消费者或其他主体身上，这个过程叫作税负转嫁。有学者认为，税负转嫁是商品经济共有的现象，这无疑泛化了税负转嫁的现象，因为商品经济产生于国家及国家税收制度之前。在商品生产和商品交易存在的条件下，国家一旦对商品生产者征收税收，商品生产者就有可能通过调整价格的方式将税负转嫁给他人。

在现代社会，商品经济极为发达，国家征收的税种繁多，企业或个人为追求自身利益最大化，会设法将税负转嫁给别人。学者对于税负转嫁的研究较多，对于税负转嫁的影响因素大体形成了一致的看法，一般认为，影响税负转嫁主要有以下因素：

第一，税收制度。税收制度的一些方面对于碳税税负转嫁具有比较重要的影响。

税收类型。税收包括直接税和间接税两种，间接税是在商品流转过程中对商品征收的税，一般认为间接税相对容易转嫁：①对商品征税会增加该商品的成本，如果企业不提高价格，必然减少企业的利润，如果企业提高商品价格，税负转嫁即可实现，如商品的市场需求弹性较小，企业就很容易通过提高商品价格转嫁税负，而消费者也更容易接受因征税导致的成本增加从而使价格上涨。②信息不对称使得间接税转嫁的隐蔽性较强，客观上易于转嫁税负。间接税以特定环节的商品流转额为课税对象，税负进入商品价格，商品购买者接受的是一个既定的价格，不了解、也不关心商品价格的具体构成。③价格的经常性波动、价格波动的影响因素较多等使得企业比较容易循着商品的流转方向，通过价格波动实现税负转嫁。直接税是对企业和个人的收入征税，属于财富的再分配过程，不影响商品或劳务的成本，也不与其他社会成员发生像商品流转那样的经济联系，其税收负担不能加到商品的价格上，缺少税负转嫁的通道。当然，直接税难以转嫁也不是绝对的，企业交纳所得税后，可能降低工资、延长工时、提高劳动强度等，这样企业缴纳完所得税后其实际利润可能并未减少或减少的幅度较小，相当于把税负转嫁给了企业劳动者。碳税属于间接税的范畴，相比所得税等直接税更容易转嫁，转嫁的幅度由下述的其他因素决定。

税基宽窄。一般情况下，较宽的税基更容易实现税负转嫁，反之，税负转嫁的可能性会变小，因为税基决定了购买者需求选择的替代效应，如果对所有商品都课税，购买者就难以找到不承担税负的替代产品，税负转嫁就比较容易；相反，如果只对部分产品征税，那不征税的产品就会更加便宜，购买者就可能会选择替代产品。

课税依据。税收计算大体可以分为从价计征和从量计征两种方法。在从价计征的条件下，因为信息不对称，购买者对于通过商品加价转嫁税负的意图和事实难以察觉，转嫁较容易；但对于从量计征，每个商品的税额很明显，如果将税负转嫁给购买者，很容易为购买者所察觉，引起购买者的反感和抵制。

税负轻重。税负轻重对于税负转嫁的影响也很重要，在其他条件相同的情况下，如果一种商品的税负已经很重，出卖者试图再转嫁税负必然使商品价格超越购买者的承受能力。

第二，产品的供求价格弹性。企业通过价格的变化来转嫁税收负担，因此，对价格变化影响较大的因素会影响到税收的转嫁。在商品经济条件下，市场供求关系是决定商品价格变动的重要因素，同时，价格的变化也对商品的供求关系产生重要影响。商品价格与供求关系的联动关系不是某一个企业所能控制的，不同的商品会有不同的价格与供求关系的联动关系，这就使得税收转嫁的程度会有所不同。如果价格有较大幅度的提高，但商品需求的变化幅度较小，也就是说商品的需求价格弹性小，商品的生产者就比较容易通过价格变化将税收负担转嫁给商品购买者。反之，商品需求价格弹性越大，税负转嫁的可能性就越小。

从供给方面看，商品供给的价格弹性是商品价格变动引起商品供给量变动的程度。当商品价格提高的幅度较大，而商品的供给增加的幅度也比较大，意味着商品的供给价格弹性比较大，反之则较小。商品供给价格弹性大小受获得生产条件的速度和多少的限制，在商品价格提高后，如果企业能够快速地获得各种生产要素，并将生产要素快速投入生产、生产周期短，则产量能迅速增加；相反，像种植业尤其是小麦、稻谷这样的粮食种植业，由于耕地数量有限且供给刚性、生产周期长，即使价格提高甚至大幅提高，最多只能将库存的商品投入市场，但难以在短时间内生产出产品而投放市场，属于典型的供给弹性小的产业。重工业的投资数量大、建设周期长，也属于供给弹性相对小的产业，但如果一个重工业企业平时存在大量过剩产能，一旦价格提高，产能迅速释放，产品供给迅速增加。碳税转嫁是产品生产者通过提高价格来转嫁负担，供给弹性对于碳税转嫁的影响仍然是通过其对价格提高的制约来实现的。当价格弹性较大时，意味着价格提高将引起供给量的较大幅度的增加，在需求一定的条件下，提高价格是存在困难的，因此，供给弹性大的产品，不易于转嫁碳税；供给弹性小的产品，将有利于产品生产者转嫁碳税。碳税征收后，是在原有成本的基础上加上新的碳税成本，如果导致了产品价格相应幅度的上升，企业由于所获的利润不变，所以并无动力提高产品产量。如果产品价格没有出现相应幅度的提高，在其他条件不变的条件下，企业利润将下降，为了维持利润，企业得通过降低工资、原料价格、利息等方式将税负转嫁给工人、原料供应商、债权人负担，或提高劳动生产率，降低成本，来消化增加的税收；如果这些转嫁未能实现，企业利润下降，将促使企业减少生产，如果产品供给弹性大，将意味着产品生产能力更容易实现退出，从而减少供给，最终提高产品价格，从这个角度看，产品供给弹性大最终有利于碳税的转嫁。综合来看，供给弹性对于碳税转移的影响比较复杂，总体而言，在相对短的时间内，供给弹性小有利于碳税转嫁。

综合考虑产品的供给弹性和需求弹性，当产品供给弹性和需求弹性都比较小的情况下，显然最有利于产品的碳税转嫁，供给弹性和需求弹性都比较大的情况下，最不利于碳税转嫁，当供给弹性和需求弹性一大一小的时候，情况比较复杂，根据上述分析，需求弹性对于碳税转嫁的影响显然大于供给弹性的影响。

第三，市场结构。碳税税负转嫁通过价格的变化来实现，因此，对于价格变化影响的力量都会影响到碳税税负的转嫁，其中，市场结构对于市场价格具有重大的影响。市场结构分为完全垄断、寡头垄断、不完全竞争和完全竞争 4 种类型。

完全垄断市场是指某一个人或企业控制了一个产品的全部市场供给，在这个市场中，整个市场的产品或服务由一个供给者提供而消费者众多，没有任何相似的替代品，新企业无法进入市场从而不存在现实和潜在的竞争者；在这种市场结构下，生产者对于价格的控制力非常强，企业可以通过对于价格的控制来实现碳税税负的转嫁。

寡头垄断是指少数几家企业提供市场上某种商品的大部分，各企业提供的产品大体一致；在寡头垄断的市场结构下，企业很容易在价格方面达成一致或者默契，各企业对于价格的控制力也比较强，相对也比较容易将碳税税负转嫁给交易对象。

不完全竞争市场是指市场存在数量较多的卖方，但商品生产者凭借产品或服务的差异性对某一细分市场产生较强的控制力，从而在价格上也与其他生产者产生差别，不完全竞争市场上的商品生产者对于该细分市场只具有相对的控制能力，因为同一市场中具有差异性的产品有很多的替代品（同一类产品中有其他特点的产品），企业能够将部分碳税税负转嫁，但受到一定限制。

完全竞争市场是指竞争比较充分的一种市场结构，在这种市场结构中，买卖人数众多，买者和卖者是价格的接受者。在完全竞争的条件下，单个企业无力控制价格，因此很难通过提高市场价格的方式把税负转嫁给别人，有时可能通过工业体系的力量在短期内部分地把税负转嫁给消费者。

市场竞争的激烈程度会严重制约碳税税负的转嫁。在激烈的市场竞争条件下，提高价格几乎难以实现，甚至会出现企业竞相降价的情形，企业想提高价格来转嫁税负，必然面临失去市场的风险。

第四，国家政策。国家的宏观调控对于市场价格有比较重要的影响，当国家干预影响价格往某一个方向发展，甚至国家控制价格的时候，企业通过价格来转嫁税负就受到了很大的限制。

5.1.2 征收碳税后重工业企业能源效率的提高

5.1.2.1 能源效率及其影响因素

能源效率即能源的利用效率，指单位能源能带来的经济效益；能源强度是指创造单位 GDP 所消耗的能源量，它是能源效率的倒数。工业能源消耗强度由工业增加值能耗（工业能源消耗/工业增加值）表示。

关于能源效率的决定因素，大量学者进行了研究，大多数学者认为，技术进步和结构变化是能源效率提高的主要因素（Edmonds & Liley，1985；Manne & Richels，1994；Burniaux 等，1992；魏楚、沈满洪，2007；周密、刘伟，2008；夏炎等，2009；魏楚，2009），贝纳迪支等（Bernardini & Galli，1993）认为，导致能源强度变化的有三个基本因素：最终需求结构的变化，能源效率的提高，更有效率能源的替代使用。还有学者研究了其他因素如外商投资、企业规模等对能效提高的作用（徐胜、李晓璐，2015）。

根据《中国统计年鉴》，中国工业能源消耗强度呈递减状态，从 2004 年的 2.34 吨标准煤/万元到 2013 年的 1.34 吨标准煤/万元，年均下降 6%，最高下降比率达到 11%（见图 5-2）。这说明，中国工业能源利用效率得到显著提高。

5.1.2.2 碳税征收、能源成本增加与能源效率的提高

征收碳税导致企业能源成本的上升，对企业能源利用的影响相当于能源价格的提高，将对企业的能源效率产生影响。

即使不考虑碳税征收导致产业及企业内部的变化，企业能源成本的增加也将促进能源效率的提高，这种能源效率的提高将从以下几个方面得到实现：

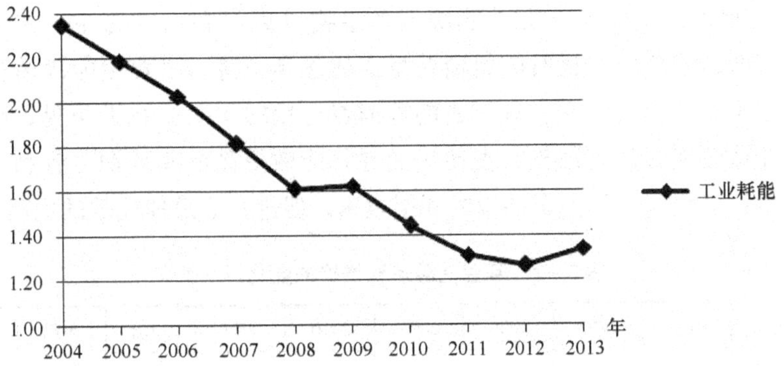

数据来源：《中国统计年鉴》(2004—2013)，摘自统计局官方网站。

图5－2　中国2004—2013年工业能源强度

第一，能源成本的增加导致生产要素的替代使用而提高能源效率。能源成本增加后，促使企业更多使用资本、劳动等生产要素替代能源，从而提高能源的边际生产力，使能源的效率得到提高。

碳税征收增加了重工业企业的生产成本，导致企业寻求其他生产要素对能源的替代来降低能源成本，从而减少能源消费，达到节能减排的目的。史密斯（R. Smyth，2011）等通过对中国钢铁业的能源与非能源投入要素替代关系进行实证研究，发现劳动力与能源、资本为替代关系。替代关系表明提高能源价格后，企业会增加对劳动力和资本要素的投入，减少对能源的消费。碳税政策将提高能源价格，从而使重工业企业增加非能源投入要素（资本、劳动力)，减少能源的消费，从而提高能源的边际生产率，进而提高能源使用效率。

第二，能源成本增加导致能源的替代使用而提高能源效率。企业能源成本增加使企业面临较大成本压力，促使企业使用更加高效、清洁的能源，一方面提高能源效率，另一方面也可以使得碳排放减少，从而减少碳税的支出。姜磊、季民河（2011）分析了技术进步、产业结构和能源消费结构三个指标共11个影响因素与能源效率之间的关系，并运用岭回归方法进行了实证研究，结果表明：煤炭消费比重提高会降低能源效率，而石油消费比重提高则会提高能源效率。

以芬兰为例，该国从1990年开始征收碳税，是世界上最早根据碳含量征收能源税的国家。从表5－2可以看出，芬兰征收碳税以后，能源消费结构发生了较大变化：1990年，芬兰能源消费结构以煤炭和石油为主，占比超过50%；征收碳税以后，化石燃料消费量占比逐年下降，可再生能源消费量占比增幅显著；2014年，清洁能源占能源消费总量的56%。由此可见，碳税征收有助于改善能源消费结构，促使企业寻找能效更高的新能源，有利于清洁能源的推广。由此，提高了能源的利用效率，促进企业总体能效的提高。

表5－2　芬兰能源消费结构的变化（%）

年份	1990	1995	2000	2005	2010	2011	2012	2013	2014
可再生能源	14.15	14.62	17.51	17.30	17.79	18.45	21.63	21.92	22.54
电能	13.05	13.37	14.57	14.69	13.43	13.67	14.74	14.87	14.74
核能	12.76	11.82	12.99	12.68	11.01	11.88	12.61	13.18	13.19
天然气	5.63	6.77	7.68	7.62	7.19	6.67	6.39	6.19	5.46
石油	25.46	20.74	20.96	22.00	18.90	19.75	19.85	17.92	20.54
煤炭	28.95	32.68	26.28	25.72	31.68	29.56	24.78	25.93	23.53

数据来源：根据欧盟统计局芬兰能源消费量年度数据计算得到。

http://ec.europa.eu/eurostat/data/database?p_p_id=NavTreeportletprod_WAR_NavTreeportletprod_INSTANCE_nPqeVbPXRmWQ&p_p_lifecycle=0&p_p_state=normal&p_p_mode=view&p_p_col_id=column-2&p_p_col_count=1.

第三，能源成本增加迫使企业推动技术进步等以提高能源效率。能源成本增加促使企业采取各种手段消化成本压力，比如促进技术进步、改善经营管理等方式，这样，不但能够直接提高能源使用效率，减少能源的浪费，更能通过提高所有要素的使用效率，减少能源的消耗。

很多研究通过实证方法验证了能源价格提高能够提高能源的使用效率：刁心柯、唐安宝（2012）选取1980—2009年的年度数据，通过约翰森（Johansen）协整检验、格兰杰因果关系检验，并构建直接效应模型和状态空间模型，实证分析了电力、煤炭、石油价格与能源效率之间的关系，结果表明三类能源价格与能源效率之间存在长期均衡关系，其上升能够改善能源效率。王俊杰、史丹、张成（2014）选取39个国家1995—2012年的数据进行实证分析，结果表明，能源价格提高确实有助于能源效率的提升，这种影响在2004—2012年期间显著，而在1995—2003年期间不显著，表明能源价格只有足够高时才能对能源效率产生显著的影响；而能源价格提高对能源效率提升的促进作用在发展中国家中更为显著，平均而言，能源价格提高10%，将导致发展中国家单位GDP能耗下降大约1%。进一步分析表明，中国能源价格偏低的一个重要原因是税收较低，因此，有必要提高能源相关的税率。唐安宝、李星敏（2014）利用中国1990—2010年相关数据对能源价格与技术进步对能源效率的影响进行研究，发现能源价格的提高和技术进步在短期和长期都促进了能源效率的提升，能源价格对技术进步有“引致效应”，但其对能源效率作用的发挥受能源市场化程度制约。陈晓毅（2015）利用1978—2011年样本数据，使用ARDL模型方法对能源效率与各影响因素之间的关系进行了实证研究，发现长期中能源价格、产业结构和技术进步均显著地有利于能源效率的提升，但短期内，能源价格对能源效率的作用存在滞后效应。

5.2 碳税征收、规模经济与能源效率

碳税征收除了增加企业能源成本，最终导致能源效率提高之外，更重要的是能够促进产业及企业内部结构的变化，淘汰部分中小企业，并使大企业规模更加扩大，提高产业集中度，这使企业获得规模经济，产业获得规模报酬递增，从而较大幅度提高能源的利用效率。

5.2.1 固定资产更新与能源效率的提高

固定资产更新是指机器设备、厂房等固定资产在物质形式上的替换或价值形式上的补偿。在进入生产过程中，固定资产需一次性投资并投入使用，随着产品出售逐次收回，当固定资产在物质上不能使用或经济上不宜再使用时，就需要进行更新。固定资产的更新有多种情况，就物质形式的替换来说，有时是一次全部更新，有时可以一部分一部分地更新；就更新时间来说，因设备等的磨损程度不同，资产替换需要的时间有长有短。重工业投资规模巨大，在要素密集度上多表现为资本密集型产业和土地密集型产业，固定资产在总投资中所占比重较大，技术含量一般较高，因此固定资产更新对于重工业产业发展和获得或保持竞争优势具有重要的意义。

正如前述，碳税征收能够推动重工业产业集中度的提高，这对于提高能

源利用效率具有积极的意义。

5.2.1.1 中小企业退出对于能效提高的意义

重工业具有投资规模大、密集使用资本及土地、固定资产占比大、技术含量高等特点，当较小的资本进入重工业领域时，只能购买生产能力小、技术落后、能耗高的生产设备，并且布局在土地成本低的劣势生产区位。

以钢铁业为例，根据 2009 年中国政府发布的《钢铁产业调整和振兴规划》，中国粗钢生产企业平均规模不足 100 万吨；而中小钢铁企业使用的容量小、效率低、污染重的落后设备，单位能耗通常要比大型设备高 10% ~15%（熊金超、常志鹏，2007）。

淘汰落后产能对于推动能效提高和节能减排具有立竿见影的效果，因此，中国政府积极推动淘汰落后产能的政策。2009 年发布的《钢铁业调整和振兴规划》提出力争三年内再淘汰落后炼铁能力 7 200 万吨、炼钢能力 2 500 万吨；国内排名前 5 位钢铁企业的产能占全国产能的比例达到 45% 以上。

2010 年 7 月工信部发布《钢铁行业生产经营规范条件》，规定必须依法执行环评审批，制定污染物排放标准，并对生产规模等问题进行了规定。2011 年 11 月工信部发布《钢铁工业“十二五”发展规划》，规定要淘汰 400 立方米及以下高炉、30 吨及以下转炉和电炉。2013 年 11 月国务院发布《关于化解产能严重过剩矛盾指导意见》，对钢铁业提出两点具体要求：一是在提前一年完成“十二五”淘汰落后产能目标基础上，2015 年前再淘汰 1 500 万吨炼钢产能；二是推进河北、山东等 6 地区产业结构的调整，推动城市钢厂往外搬迁，要求未来 5 年淘汰钢铁行业产能超过 8 000 万吨。

2014 年 7 月，工信部发布《关于做好部分产能严重过剩行业产能置换工作的通知》和《部分产能严重过剩行业产能置换实施办法》，要求各地工业和信息化主管部门做好钢铁、电解铝、水泥、平板玻璃等行业的产能置换工作。国务院 2016 年 4 月发布的《贯彻实施质量发展纲要 2016 年行动计划》（国办发〔2016〕18 号）提出要加强质量整治淘汰落后产能和化解过剩产能，在煤炭、钢铁、电解铝、石油化工等高能耗、高污染行业严格执行生产许可及其他行业准入制度，按标准淘汰落后产能和化解过剩产能。

5.2.1.2 产业内企业规模扩大对于能源效率提高的意义

一旦中小企业被淘汰，在市场条件不变的情况下，中小企业释放出的产能将被大企业占领。大企业基本可以通过三种方式实现市场占有率的提升，一是大企业提高生产经营效率扩大产量，或者将原来过剩的产能释放出来；二是将兼并中小企业的可用设备进行改造后继续使用，提高生产效率和能源效率；三是增购新的生产设备，从而增加产能。无论是哪一种方式，都会出现规模更大、技术更先进、能效更高的生产设备替代原有规模小、落后、能效低的生产设备的状态。在产业集中度快速提升，少数企业规模扩大较快的情况下，大企业有可能借着大量兼并重组的契机，趁势对原有生产设备进行改进甚至更新，这种做法将根本改变企业原有的面貌，极大提升竞争优势，大幅提高能源的使用效率。

“十二五”期间中国淘汰落后产能，推动技术进步、提高能效的措施取得了积极的效果。截至2014年年底，炼钢、炼铁行业已淘汰落后产能占行业现有产能的比例分别达到12.44%和7.42%（见表5-3），对防止中国钢铁行业产能过剩矛盾的进一步恶化起到了很大作用，为促进钢铁行业结构调整和优化升级奠定了基础。

表5-3　2010—2014年钢铁行业落后产能淘汰效果

	炼铁	炼钢
淘汰落后产能（万吨）	11 811	8 965
测算现有产能（万吨）	94 925	120 822
淘汰比例（%）	12.44	7.42

同时，中国钢铁业的装备规模和技术水平得到普遍提升。截至2014年底，中国炼铁行业高炉数量为951座，平均炉容超过1 000立方米；炼钢行业转炉数量为918座，平均容量近100吨。通过与2005年数据进行对比，近10年，中国钢铁行业高炉平均炉容提高了181%，1 000立方米以下高炉数量占比降低了37个百分点，转炉平均容量提高了84%，120吨以下转炉数量占比降低了29个百分点；吨钢综合能耗下降了16%，高炉炼铁和转炉炼钢工序能耗分别下降了14%和132%（见表5-4）①。

① 关于钢铁业淘汰落后产能与能效提高的数据来源于国研网文章《“十三五”钢铁行业淘汰落后和过剩产能的政策建议》，摘自 http：//www.dss.gov.cn/News_ wenzhang.asp？ArticleID =381329。

表5－4　10年来钢铁行业装备规模和能耗水平对比情况

	高炉				转炉				吨钢
	数量/座	平均炉容/$m^3 \cdot 座^{-1}$	1 000m^3以下占比	工序能耗/$kgce \cdot t^{-1}$	数量/座	平均容量/$t \cdot 座^{-1}$	120t以下占比	工序能耗/$kgce \cdot t^{-1}$	综合能耗/$kgce \cdot t^{-1}$
2005年	1 133	368	93%	457	555	50	90%	31	694
2014年	951	1 032	56%	395	918	92	61%	－10	585
增减量	－16%	181%	－37%	－14%	65%	84%	－29%	－132%	－16%

5.2.2　企业规模扩大、技术进步与能源效率的提高

5.2.2.1　技术进步与能源效率的关系

对于技术进步，人们的认识并不统一，瑟尔沃尔（Thirlwall，2001）认为，它包括了两层含义，广义上的理解可以用技术进步来表示技术变化的结果，或者是技术变化在增长过程中的作用，它包括了那些对总的经济效率的提高做出贡献的所有因素；狭义上的理解则被用来表示技术本身的变化，把技术定义为与生产工艺有关的有用知识，比如工厂和机器的设计、制造和操作方面的改进，以及与此有关的经济活动——研究、发明、开发和创新。基于本书的研究内容及研究逻辑，我们主要从狭义的角度来理解技术进步。

技术进步对于生产过程及该过程的投入产出关系具有重大的影响。生产函数反映的是在既定的生产技术条件下投入和产出之间的数量关系，如果技术条件改变，生产函数也必然会改变。生产函数通常写作

$$Y = AF(K,N) \text{ 或者 } Y = AK^{\alpha}N^{\beta}$$

Y，K，N 分别指该经济的总产出、资本存量以及工人的数目，变量 A 被称为全要素生产率，衡量使用资本和劳动力的总体效率，生产率 A 的提高对应着能更有效地利用资本和劳动的技术改进以及经济的其他变化（亚伯、伯南克，2007）。

上述公式表明，推动经济增长有三大因素：资本、劳动和要素生产率。当其他因素保持不变，资本量 K 和劳动量 N 分别增加 ΔK 或 ΔN，产出只能增加 $a_K \cdot \Delta K/K$ 或者 $a_N \cdot \Delta N/N$，而当生产率增长 ΔA 时，产出量增加 $\Delta A/A$，这样，产出增长率与投入增长率及生产率增长率之间有如下关系：

$$\Delta Y/Y = \Delta A/A + a_K \Delta K/K + a_N \Delta N/N$$

能源作为投入的一种，如果技术得以改进，全要素生产率得到提高，即使在资本、劳动及能源等投入不变的情况下，产出也会增加，即资本、劳动的生产率以及能源的使用效率都得到提高。

从历史的角度，能源效率与技术进步之间是一种较为复杂的关系。在主要以手工劳动为主的时代，社会的生产力水平很低，生产过程中动力来源主要是劳动者自己的体力，此外，动物包括牛、马、驴、骡等提供的动力和运力也占有一定的地位，而真正称得上现代意义上的能源的只有包括风力、水力等在内的自然力，在这种情况下，新生产产品和创造价值所需的能源成本几乎为零，自然力等几乎是免费获取的。随着社会生产力的发展、科学技术的进步，机器包括提供动力的机器逐渐被发明并大量投入使用，劳动者的体力为机器提供的动力所取代，机器设备耗费较多能源，在劳动生产率提高的同时，能源消费量也逐渐增加，能源成本在总成本中所占比重也逐渐增大。尤其是当耗费大量能源的重工业在国民经济中所占的比重越来越大的时候，从整个社会的角度看，能源成本在总成本中所占的比重必然达到一个很高的程度。

当整个社会已经实现了机械化，技术进步的结果必然是单位产值中消耗的能源数量的减少，即能源效率的绝对提高。根据《大英百科全书》："能源是一个包括着所有燃料、流水、阳光和风的术语，人类用适当的转换手段便可让它为自己提供所需的能量。"中国的《能源百科全书》这样定义能源："能源是可以直接或经转换提供人类所需的光、热、动力等任一形式能量的载能体资源。"根据上述定义，能源大多数情况需要经过一定转换之后才能变成人类生产和生活所需的能量，技术进步对于能源利用效率提高的意义正在于能提高这种转换的效率，从而充分利用能源。无论是能源生产方面的技术进步、能源加工方面的技术进步，还是能源使用方面的技术进步，都能最终促进能源利用效率的提高。以生产工具和生产工艺对能源利用率的影响为例，中小型发电机组是中国火力发电中占很大比例的发电机组，其发电煤耗为500gtce/kwh，而较为现代化的60万千瓦的火电机组的发电煤耗为310gtce/kwh（郝海等，2002）；大型流化床燃烧工业锅炉和煤粉工业锅炉的使用能够使煤炭资源的有效利用率达到90%以上，但是使用小型层燃锅炉，煤炭资源的有效利用率仅为60%～70%，甚至更低（马有江、程志芬，2001）。

除了提高能源的利用效率，技术进步还不断拓展能源利用的范围，使得更高效的能源不断被投入使用。迄今为止，人类社会经历了三次产业革命，每次产业革命的发生及发展都有其自身的背景和条件，但毫无疑问，三次技术革命是三次产业革命的重要推动力量。阎康年（1985）认为，产业革命史应以与每次技术革命的标志性技术相适应的生产设备应用的规模、生产发展速度和产业结构本质变革为原则进行分期。解决生产中的动力问题是每一次技术革命中的重要内容，自18世纪60年代到20世纪60年代，短短两个世纪，连续发生的三次技术革命，把人类社会推进了三大步，即：蒸汽时代—电气时代—原子能时代。第一次技术革命，开始于18世纪60年代，其主要标志是蒸汽机的广泛运用；蒸汽机的发明及广泛运用，使煤炭一跃成为主体能源。第二次技术革命，始于19世纪70年代，主要标志是电力的广泛应用。这样，煤炭作为一次能源被转换成更加便于输送和利用的二次能源，同时，地域性极强的水力资源也通过转换成电力变成人类重要的能源形式。此外，在同一时间，人们发明了以汽油和柴油为燃料的奥托内燃机和狄塞尔内燃机，之后，汽车、飞机、柴油机轮船、内燃机车、石油发电等，将人类飞速推进到现代文明时代，到20世纪60年代，全球石油的消费量超过煤炭，石油成为主体能源。第三次技术革命，开始于20世纪40年代，主要标志是原子能、电子计算机和空间技术的广泛应用。几十年来，核电已经成为一种相当成熟的技术，在许多经济发达的国家已经成为常规能源；此外，可再生能源（水电能、太阳能、风能、地热能、海洋能、氢能等）得到蓬勃发展，有望为以后的人类社会提供持续的动力（阎康年，1985）。

很多实证研究已经证实了技术进步对于能源效率提升的巨大作用。

李廉水、周勇（2006）以35个工业行业为样本，用非参数的DEA－Malmquist生产率方法分解广义技术进步为科技进步、纯技术效率和规模效率3个部分，然后采用面板技术估算了这3个部分对能源效率的作用，结果表明：技术效率（纯技术效率与规模效率的乘积）是工业部门能源效率提高的主要原因，科技进步的贡献相对低些，但随着时间的推移，科技进步的作用逐渐增强，技术效率的作用慢慢减弱。

齐志新、陈文颖（2006）应用拉氏因素分解法，分析了1980年到2003年中国宏观能源强度以及1993年到2003年工业部门能源强度下降的原因，发现从1980年开始，工业部门对能源强度下降起到了决定作用，而其他各产业部门的影响一直都比较小；工业部门能源强度的变化，决定因素也是技术进步，工业内部的结构调整对能源强度的影响很小。

姜磊、季民河（2011）分析了技术进步、产业结构和能源消费结构三个指标共 11 个影响因素与能源效率之间的关系，并运用岭回归方法进行了实证研究，结果表明：技术进步显著地与能源效率正相关，技术进步会提高能源效率；第二产业比重的提高会降低能源效率；煤炭消费比重提高也会降低能源效率，而石油消费比重提高则会提高能源效率。

5.2.2.2 企业规模与技术创新的关系

技术是决定企业能源效率的关键性因素，如果征收碳税导致重工业产业集中度提高、产业内企业总体生产规模扩大能更有利于促进技术创新和进步，碳税征收将对企业能源效率提高产生重大影响。

自熊彼特提出创新理论以来，企业规模、市场结构与创新之间的关系一直是经济学家关注的热点问题；关于熊彼特假说的实证检验在产业组织理论领域中似乎拥有最多数量的文献（Cohen and Levin，1989），这些文献主要集中在 20 世纪 60 年代至 80 年代，90 年代以后文献数量相对较少（吴延兵，2007）。国内对于该问题的研究出现在 2006 年之后，大约与时任中共中央总书记胡锦涛第一次提出建设创新型国家的战略思想有关。2005 年 10 月，胡锦涛在中共十六届五中全会上明确提出了建设创新型国家的重大战略思想；2006 年 1 月，他又在全国科学技术大会上指出，要坚持走中国特色自主创新道路，用 15 年左右的时间把中国建设成为创新型国家。

关于企业规模、市场结构与创新之间的关系，很多学者做过研究综述，包括科米恩等（Kamien and Schwartz，1975，1982；Cohen and Levin，1989；Scherer and Ross，1990；Symeonidis，1996；Subodh，2002；吴延兵，2007），我们不需要再对已有研究做新的梳理。关于该问题的大量研究丰富了熊彼特假说，让我们可以从不同角度审视企业规模、市场结构与创新之间的关系；但无论是理论研究，还是经验研究，学者们都未能达成一致的结论。

熊彼特等人认为，垄断企业对于市场支配能力的追逐是创新活动的源泉，“我们不得不承认，大型企业已经成了整个经济进步的发动机”[①]。后续很多学者进一步发展了相关理论。认为大企业会在创新活动中占据主导地位，主要有三个理论支点（于君博、舒志彪，2007）：

---

① Schumpeter Jpseph A. Capitalism，Socialism and Democracy［M］. NY：Harperand Row：106.

第一，研发需要巨大的前期投入，创新活动所需要的高额固定成本是中小企业无法承受的。

第二，只有具备市场支配能力和规模的企业，才会将创新活动当作获取超额利润的选择；研究表明，研发活动和技术创新给企业带来的收益同企业的市场地位是正相关的。

第三，创新投资带有巨大的不确定性和风险，小企业资金有限，能够投资的研发项目非常有限，创新在企业成长过程中变为带有赌博性质的投资；大企业资金实力雄厚，可以将研发投资分布于不同的领域和项目，投资的多样性降低了它们的风险。

熊彼特的创新理论提出后，引发了学者对于创新问题的研究兴趣。有学者提出了不同意见，阿罗（Arrow，1962）建立了有关不同市场结构下创新激励的第一个正规模型，认为创新者能够从竞争产业中得到低成本曲线所带来的全部潜在收益，而在垄断产业中，由于采纳创新前存在垄断利润，低成本带来的收益不再全部归创新者所有，所以，竞争条件下的创新激励大于垄断条件下的创新激励。20 世纪 80 年代后，许多研究力图证明，有相当数量的中小型企业和大型企业一样，对创新活动做出了可观的贡献，学者们同样提出了 3 个理论支点（于君博、舒志彪，2007）：

第一，大型企业和中小企业在管理结构上的差异，是中小企业相对具有创新优势的原因之一。大型企业的垂直管理结构不利于具有较大风险的创新研发活动的开展，大量创新方案在大企业的层层审批过程中夭折；而中小企业扁平化的管理结构能够较大地提高创新方案被采纳的可能性。

第二，大企业中较多的行政控制对于创新激励是有害的。事实上，很多中小企业的发展都得益于承接了那些无法忍受大型企业官僚作风的优秀研究人员。

第三，大企业奖励优秀研究人员创新的方式是把他们提升为管理人员，从而使其离开研究的土壤，损害创新活动；而创新型中小企业只需要非常有限的管理人员，其研究人员的核心业务始终是研发活动。

跟理论研究相似的是，经验研究的结论也是众说纷纭。

基于不同的假定条件，以及不同的数据样本、计量方法以及创新和市场结构的衡量指标，理论研究和经验研究得出不同的结论是很正常的，这也说明，企业规模、市场结构与创新之间的关系不能用一个简单化的结论来回答。

技术类型不同，所需的创新条件也会有很大的不同；产业的状况千差万别，对技术的要求也有很大不同，技术和产业结合的方式也有很大差异；随着时间推移，技术创新的环境日新月异，全球化和新科技革命时刻改变着世界的面貌；所有这些，都会影响企业规模、市场结构与创新之间的关系。

第一，技术类型的影响。创新出不同类型的技术，需要的条件肯定是不同的，所以，研究企业规模、市场结构与创新的关系，首先要对技术类型进行科学划分，并确定不同类型的技术需要什么样的创新条件，就能初步判断什么规模的企业适合创新什么样的技术。

高良谋、李宇（2009）结合技术创新产生的内外环境，提出以技术创新来源的可预测性为依据，将技术创新分为非定向性技术创新和定向性技术创新，分别与小企业和大企业技术创新方式相对应。小企业的技术创新往往是随机的，是发明创造同市场需求的“一拍即合”，因此具有市场偶然性，市场决定的技术范式具有不可预测性；而大企业遵循着特定的技术范式，通常具有明确的技术研发目标，是一种以技术创新创造市场的能动性，相对来讲具有可预测性。

按照高良谋、李宇的研究，非定向性技术创新来源于对快速变化的市场需求的满足，因为市场上顾客的需求受到各种因素的影响，其中还包含很多非理性的因素，满足这样的需求常常表现为一种不可预测性和冒险性，这种创新产品有可能引发既有主流产品的消亡，从而开辟新的市场空间。非定向性技术创新的重要特征在于对主导技术的突破性，这种突破是一种全新技术轨道的发端，是对既有技术范式的颠覆，来源于企业外部的市场竞争是非定向性技术创新的原始动力。而定向性技术创新来源于企业组织自身强大的支持，在确定了主流产品之后，以降低成本和完善功能为目的的工艺创新随即成为企业竞争的支点，工艺创新由于处于既定的技术范式之内，技术创新的目的性非常明确，研发成果具有可预测性，因此尤其需要企业集中力量进行研发投入，对企业获取资源的能力和组织能力要求也较高。

我们对定向性技术进行重新界定，不再将其与其来源即大企业挂钩，定向技术指的是技术研发规划具有系统性，技术构成具有系列性，技术传承具有规范性和长期性的技术。定向性技术的进步除了少数时间会在各系列技术都取得齐头并进的较大进展外，大多数时候都是只在部分技术上突破，然后层层递进。定向性技术的研究需要强大的研究团队，需要深厚的技术积淀，要获得长期大量的研究成果的话，还需要形成符合研究团队特点的研究传统，以便能在引入新的研究人员后让研究团队保持活力。此外，研究成果的应用也需要强大的资金、设备和人员支撑。定向性技术的研发需要依托强大的组织系统，其研发的成效取决于研发组织体系的规模、效率。相比而言，非定向技术指的是研究具有个体性、成果获得具有偶然性、技术系列相对单一的技术，其突破更多寄托在研发人员个人身上，研发成效取决于研究人员个人的天赋和努力；研发人员可能也采取团队形式，但对于团队的规模、体系和传统要求不是太高，研究的技术积累更多取决于研究人员自身的知识沉淀，以及整个社会的知识积累和研究人员对这种积累的吸收。从应用的角度看，非定向技术走向市场更多取决于企业的灵活性及对市场的准确把握，而对于资金、设备和人才的要求远没有定向性技术高。

第二，不同产业对于技术及其创新条件的不同要求。虽然不同类型的技术与不同规模企业的对应不是那么严格，但根据上述分析，更大规模的企业显然更容易在定向性技术方面取得突破，而中小企业更可能在非定向技术方面取得突破，这是技术特点与企业优势的耦合所决定的。规模巨大的企业在人、财、物等方面都具有规模上的优势，能够承担较大的风险；为了获得竞争上的优势甚至获得垄断利润，大企业有动力长期投入大量资金进行研发，能够形成强大的研发团队以及深厚的知识储备和技术积累；强大、完备的组织体系尤其是研发组织体系保证了研究的系统性及其成果转化应用的有效性；可以看出，在研发定向技术方面，大企业具有无可比拟的优势。相反，小企业生产经营规模较小，企业组织结构比较简单，激励约束机制效率高，对于某些拥有一技之长的科研人员具有较大的吸引力，事实上，很多小规模的科技公司正是由科技人员创办的；小企业对于市场的反应比较灵敏，能够比较有效地捕捉市场机会，利用或创新出新的技术，迅速生产出产品并获得收益；因此，小企业在某些非定向技术方面容易取得突破。

一个想成为创新型大国的国家，必须充分利用各种资源、推动各种主体包括科研单位、高校和企业等积极从事科学研究和技术开发；同时，应充分发挥各类型企业的积极性，推动各类企业对相应的技术进行研究开发；至于各不同企业，应该充分发挥自己的优势和长处，将重点放在适合自己的技术领域，研究出适合企业自身特点和市场需要的技术和产品。

本书的研究对象是重工业。正如前述，重工业具有对先进技术依赖大，资本专用性强，产品为中间需求型产品且比较复杂并具有标准化的特点，在投资上具有最低资本量的要求，这些特点决定了重工业具有典型的规模收益递增的特点，这意味着在重工业中先进入企业具有明显的竞争优势，利用先进入的优势把规模扩大到其他企业无法与之竞争的状态，很多重工业行业会形成寡头垄断甚至独占垄断的市场结构。在重工业行业，大规模企业显然在定向性技术的研究中拥有得天独厚的优势，应充分发挥这种优势，发挥其在技术进步中的作用。

第三，全球化和新科技革命对企业技术创新的影响。技术研发的激励约束及技术创新的环境会对技术创新产生重要的影响，当前经济全球化的趋势及新科技革命极大改变了技术研究的激励约束机制和技术创新环境。

“经济全球化”一词最早由 T. 莱维于 1985 年提出，对于其准确的内涵，学界并未形成一个大家公认的权威的认识。国际货币基金组织（IMF）认为：“经济全球化是指跨国商品与服务贸易及资本流动规模和形式的增加，以及技术的广泛迅速传播使世界各国经济的相互依赖性增强。”经济合作与发展组织认为：“经济全球化可以被看作一种过程，在这个过程中，经济、市场、技术与通信形式都越来越具有全球特征，民族性和地方性在减少。”无论人们对于全球化的认识有何不同，但对于下述事实和趋势大家的认识是一致的：①各国对于产品和服务流动的限制越来越少，真正统一的产品和服务市场正在形成；②各国对于生产要素尤其是资本、技术等的流动的限制越来越少，要素市场的开放度大为提高；③随着各国经济联系更加紧密，各国国内经济运行规则不断趋于一致，国际经济协调机制日益强化。在经济全球化的条件下，企业经营范围不再局限于一国的边界，而变成了全球市场，竞争变得越来越激烈，企业可以在全球范围内配置资源，个别企业垄断资源的难度越来越大。

经济全球化对于技术研发的激励和约束产生了重要的影响。在全球化的条件下，企业获得市场垄断地位的难度和可能性大大降低了。人们通常认为，大企业获得市场垄断地位后，倾向于利用各种办法来强化其垄断地位，并利用垄断地位来获得高额垄断利润，而对于研发的投入和积极性都降低了。在经济全球化的时代，大企业想要在全球范围内获得垄断地位是非常困难的，要维持垄断地位更加困难，企业利用垄断的力量来维持垄断地位几乎是难以实现的，而只能通过技术上的垄断来获得竞争优势。

新科技革命极大改变了技术创新的环境。在新科技革命的条件下，技术进步的速度很快，知识的积累以几何级数的速度增加，这产生了两方面的影响：一方面，对于定向技术而言，技术创新需要更多的知识和技术积累，单个人或小团体在知识积累和整理方面越来越力不从心，其创新的难度在加大；或者说，新科技革命对定向技术创新的组织体系的要求更高，这强化了大企业在定向性技术创新方面的优势；从国家的层面，也强化了科技强国大国的技术竞争优势。另一方面，对于非定向技术而言，天才的科研人员能够充分利用已有的大量公开的知识和技术积累在某一方面取得突破，特别是互联网技术的发展使得科研人员能够以较低成本、较快速度获取某一方面的知识，为科研创新创造了很好的条件。

可见，经济全球化和新科技革命通过改变技术创新的激励约束机制及改变技术创新的条件，分别强化了大企业在定向性技术创新和小企业在非定向性技术创新方面的优势。

5.2.3 企业规模、要素效率提高与能源效率的提高

正如前述，生产函数可以被写作：

$$Y = AF(K,N) \text{ 或者 } Y = AK^{\alpha}N^{\beta}$$

Y，K，N 分别指该经济的总产出、资本存量以及工人的数目，变量 A 被称为全要素生产率，衡量使用资本和劳动力的总体效率。推动经济增长和产出增加的有三大因素：资本、劳动和全要素生产率。当其他因素保持不变，而全要素生产率增长 ΔA 时，产出量将增加 $\Delta A/A$，产出增长率与投入增长率及生产率增长率之间有如下关系：

$$\Delta Y/Y = \Delta A/A + a_K\Delta K/K + a_N\Delta N/N$$

能源和资本、劳动等一样都是生产的投入。如果要素的生产率得到提高，即使在资本、劳动及能源等投入不变的情况下，产出也会增加，即资本、劳动的生产率以及能源效率都会得到提高。

除了资本和劳动等要素增加之外的所有导致产出增加的因素都可以归之于全要素生产率的提高，从宏观的角度，影响全要素生产率的因素包括：

（1）技术进步。技术能够改变生产函数，使相同的投入得到更大的产出。在古代社会，人类组织生产，主要依靠人力和消耗资源，起决定作用的是人的劳动；随着生产过程中经验逐渐积累，并系统化为科学技术，科学技术推动经济发展的作用已很明显。进入近代社会，人们通过革新生产工具促进社

会经济的发展，科学知识已经物化，科技已成为促进经济社会发展的独立力量，所以马克思提出科学技术是生产力。自18世纪以来，人类社会经历了三次产业革命，每次产业革命的发生及发展都有其自身的背景和条件，但毫无疑问，三次技术革命是三次产业革命的重要推动力量。特别是20世纪以来，尤其是“二战”后，科技突飞猛进，成为经济增长最重要的推动力量。科学技术的发展使得科学技术对经济增长的贡献大幅度增加，据统计，发达国家20世纪初科技的贡献值为5%～20%，20世纪中叶上升到50%，20世纪80年代则上升到60%～80%（宋健，1994）。

（2）制度演进。在没有信息成本、不确定性及交易成本，以及私人成本和社会成本相一致的假设下，市场这只“看不见的手”能实现资源的合理配置，刺激技术进步，实现经济增长，在这种情况下，制度是不重要的。但在现实生活中，这种理想的状况并不存在，制度通过改变收入分配，改变经济中使用资源的效率的可能性，推动或阻碍经济的增长，具体而言：制度为每一个参与社会经济活动的人设置了一整套正式的和非正式的行为规则，为每一个追求利润最大化的行为人规定了约束条件；制度规定了不同的激励约束机制，这种机制或者能够激发生产、交易和技术创新，或者阻碍生产、交易和技术创新；制度中的伦理道德规范可能制约或鼓励机会主义行为或搭便车行为，极大地影响交易成本；制度影响信息和资源的可获得性，从而改变信息和资源的获取成本。

（3）管理改进。管理改进在微观上指单个企业管理效率的提高，宏观上指整个社会各企业总体管理水平的提高，微观上单个企业管理效率的提高是宏观上整个社会企业管理水平提高的基础。管理在企业中的角色在于把企业中的各种生产要素组织起来，所以管理对于企业内各要素生产率的提高，对于企业经营绩效的提高发挥着重要作用。随着社会经济的发展和人类文明的进步，管理经验不断积累并系统化为管理理论，管理理论包括组织理论的发展为人们提高管理水平、管理效率提供了系统化的原则和操作方法，科学技术的发展为管理效率的提高奠定了物质上的基础，例如，通信技术的发展极大提高了沟通的效率。

（4）人力资本的积累。舒尔茨认为，人力资本（Human Capital）主要指凝集在劳动者身上的知识、技能及其所表现出来的劳动能力。人力资本投资的范围和内容包括：卫生保健设施和服务，概括地说包括影响人的预期寿命、体力和耐力、精力和活动的全部开支；在职培训，包括由商社组织的旧式学徒制；正规的初等、中等和高等教育；不是由商社组织的成人教育计划，特别是农业方面的校外学习计划；个人和家庭进行迁移以适应不断变化的就业机会（舒尔茨，1961）。舒尔茨采用收益率法测算了人力资本投资中最重要的教育投资对美国1929—1957年经济增长的贡献，其比例高达33%（刘军、刘璇，2010）。丹尼森计算出美国1929—1957年由教育引起的年均国民收入增长率为0.67%（惠宁、霍丽，2008）。

除了技术进步、管理改进、制度优化和人力资本投资等因素外，其他一些因素也会影响单个企业内要素的生产效率，其中一个比较重要的因素是企业规模的大小。我们前面阐述了规模经济的概念，规模经济是指企业在一定条件下（要素最佳组合时）的生产能力或产量，单位产品的成本随规模扩大而降低（楚序平，2009），规模经济正是来源于一定限度内企业规模扩大得以提高生产要素的使用效率。我们前面从系统论的角度阐述了规模经济因要素效率提高而产生的途径：第一，在一定限度内，企业规模的扩大能够更充分地利用各种生产要素，能够充分利用固定资产的生产能力，由于固定资产的不可分性，更大的企业规模能使更多要素之间找到更加合理的配置比例，从而提高各要素的使用效率，节省企业的管理费用、运输费用、储藏费用等。第二，企业的出现及其规模扩大，替代市场配置资源时，可以节省包括获得市场信息的成本、谈判和签约的成本、合同风险的成本等在内的交易费用。第三，企业规模的扩大为企业进行多元化经营（横向一体化）提供了可能，企业能够因此获得范围经济。第四，企业规模扩大为企业内各要素之间结构优化奠定基础，如企业规模扩大产生工人之间的协作，进一步产生基于分工的生产要素间的结构优化，促进分工和专业化的发展，极大提高要素的生产效率及节约生产资源。一些学者验证了企业规模与全要素生产率之间的关系，刘艳萍（2010）运用非参数的Malmquist生产率指数方法，测算了1998—2007年中国长三角地区两省一市（江苏、浙江、上海）20个制造业行业的全要素生产率增长及其技术效率和技术进步的变化，并用面板数据的计量回归模型对长三角两省一市制造业行业全要素生产率的影响因素进行了实证检验，结论是：长三角地区两省一市制造业行业全要素生产率的增长主要是由技术进步带来的，而技术效率变化指数表现出负增长；产业集聚和企业规模对上海、江苏和浙江制造业行业全要素生产率增长的作用显著，且产业集聚的作用大于企业规模的作用。

6　不同碳税方案对钢铁企业经济效益的影响

6.1 碳税征收对钢铁业经济效益的影响

根据上述分析，碳税征收从几个方面影响企业的经济效益：第一，直接增加企业的能源成本。在每个企业消耗化石能源总量、化石能源价格不变的情况下，政府对企业征收的碳税会完全转化为企业的税收成本，从而增加企业在能源方面的成本支出；此外，碳税征收会导致能源价格的提高，进一步增加企业的能源成本。与此同时，企业可以通过提高产品价格或压低投入的价格来转嫁碳税负担。第二，碳税征收后，会导致企业使用能源方式的变化和产业组织结构的优化，从而提高能源效率，降低能源消耗，减少企业的能源成本。

6.1.1 钢铁业的碳税负担和税负转嫁

6.1.1.1 钢铁业的碳税负担

钢铁业是典型的能源密集型产业，从表 6－1 可以看出，中国钢铁业消耗了中国大量的能源，其所消耗能源占全国能源消耗的 16% 左右，占工业能源消耗的 24% 左右。中国钢铁工业二氧化碳排放量约占全国排放量的 12%（中国产业洞察网，2015）。因此，一旦征收碳税，钢铁业将面临较重的碳税负担，这将极大增加企业的生产成本，挤占企业的利润空间。

表 6－1 钢铁业 2005—2014 年能源消耗量及比率

单位：万吨标准煤

年份	全国能源消耗量	工业能源消耗量	钢铁业能源消耗量	钢铁业占工业能源消耗比率	钢铁业占全国能耗的比率
2005	261 369	168 723. 53	39 544. 25	0. 234	0. 151
2006	286 467	184 945. 45	44 729. 92	0. 242	0. 156
2007	311 442	200 531. 38	50 186. 53	0. 250	0. 161
2008	320 611	209 302. 15	51 862. 92	0. 248	0. 162
2009	336 126	219 197. 16	56 404. 37	0. 257	0. 168
2010	360 648	232 018. 82	57 533. 71	0. 248	0. 160
2011	387 043	246 440. 96	58 896. 58	0. 239	0. 152

续表

年份	全国能源消耗量	工业能源消耗量	钢铁业能源消耗量	钢铁业占工业能源消耗比率	钢铁业占全国能耗的比率
2012	402 138	252 462.78	59 668.10	0.236	0.148
2013	416 913.02	291 130.63	68 838.89	0.236	0.165
2014	425 806	295 686.44	69 342.20	0.235	0.163

数据来源：《中国统计年鉴》(2015)，来自国家统计局官方网站，比率为作者计算。

计军平（2012）以2010年国家财政部设定的10元/吨和国家环保局设定的20元/吨为标准征收碳税，计算出2010年中国钢铁业应交碳税可达到125亿元、251亿元（参见表6-2）。

表6-2　钢铁业碳税征收模拟效果　　单位：亿元

碳税标准	2006年	2007年	2008年	2009年	2010年
10元/吨	96.78	103.40	108.06	117.28	125.54
20元/吨	193.56	206.79	216.13	234.55	251.08

数据来源：计军平．基于投入产出模型的中国碳排放增长驱动因素研究［D］．北京大学博士毕业论文，2012.

陈明生（2013）以2008年中国钢铁产量和碳排放量作为基础，分别按国家财政部的10元/吨、国家环保局20元/吨和30元/吨的标准计算碳税征收，发现2008年碳税征收量将分别高达114.91亿、229.82亿和344.73亿元，以此估计，碳税征收将大幅压缩中国钢铁业的利润空间。这几年中国钢产量又有所增加，虽然能效也有一定提升，但碳排放量还是呈增加之势，如果征收碳税，钢铁企业应上缴的碳税数量也要增加。在中国钢铁企业微利或者亏损的情况下，上述碳税征收量已经是个很大的数字了。

此外，征收碳税将提高化石燃料的市场价格，从而进一步增加能源使用者的能源成本。正如我们在第4章第4节中所分析的，由于能源成本的增加以及碳税征收减少化石能源消费的导向作用，整个社会对于能源的需求将减少，有使能源价格下降的趋势；而钢铁业上游产业也消耗较多的能源，碳税征收增加其能源成本，最终会传导到能源价格上，导致能源价格向上的趋势（碳税税负的转嫁），两个作用相互抵消，最终结果可能是能源价格会上涨，但上涨的幅度比较小。

6.1.1.2　钢铁业的碳税转嫁

如果把我们在第4章第4节中所分析的决定碳税转嫁的影响因素运用于分析钢铁产业，我们发现比较重要的影响因素有产品供求弹性、市场竞争状况和国家政策。我们需要同时从钢铁产品和钢铁业投入品两个方面的价格变化可能性来探讨钢铁业的碳税税负转嫁问题。中国正处于重工业化和城市化的过程中，对于钢铁产品的需求刚性决定了钢铁产品的需求价格弹性较小，这有利于碳税的转嫁，但钢铁产品较大的供给弹性又不利于钢铁业碳税转嫁，尤其是钢铁业激烈的竞争严重限制了钢铁产品价格的提高：中国钢铁业产能过剩严重，数据显示，2015年中国钢铁产能近12亿吨，而同年国内钢材市场需求量仅为7亿吨，产能利用率不足67%（王冰凝，2016）。中国钢铁工业协会统计数据显示，由于钢铁产品价格的持续下行，2015年全国重点钢铁企业亏损645.34亿元，亏损面50.5%（熊少翀，2016）。钢铁业往往出现一个阶段的价格上涨，紧接着就是产能过剩和价格大幅度下跌的情况（滕泰等，2006）。可以看出，钢铁业可以将部分碳税税负转嫁给下游产业，但转嫁数量有限。

钢铁业的上游产业主要是资源类产业，包括黑色金属矿采选业、煤炭开采和洗选业、电力生产和供应业等，钢铁业投入品包括机械设备、铁矿石、煤炭、焦炭和电力等，这些产品和钢铁产品一样属于中间产品，对于钢铁产品的刚性需求决定了对于钢铁业投入品的需求刚性，使得钢铁业与其投入品具有相似的需求弹性。供给弹性方面，机械设备产品性质与钢铁产品类似，但由于中国钢铁业独特的过剩情况，使得机械设备产品的供给弹性要小于钢铁产品；而资源的稀缺性及地理分布的不平均、生产周期长、垄断性高等原因，钢铁业资源类投入品的供给弹性更小（滕泰等，2006）。从市场竞争情况看，虽然煤炭、铁矿石、焦炭等产品也时时陷入供给过剩的状态，但都不像钢铁产业这样处于长期、大量的过剩状态。国家政策方面，中国煤炭和铁矿石资源的稀缺性及国家对其保护力度的加大、资源税的即将开征、国家对于资源类产品开采导致的环境问题的日益重视，使得从长期来看，煤炭和铁矿石的价格呈上升趋势。上述因素，使得钢铁业通过压低投入品价格来转嫁碳税存在较大的困难。另一方面，钢铁业投入品生产也要消耗较多能源，钢铁业也面临上游产业的碳税转嫁问题，但相比钢铁业庞大的能源消耗，投入品消耗的能源还是相对较少，上游产业转嫁的部分碳税相对于钢铁业自身所消耗大量能源的应缴的碳税量来说只是一个相对较小的数量，再加上征收碳税抑制了能源的需求，可以认为上游产业向钢铁业转嫁的碳税税负是有限的。

综上分析，钢铁业可以将部分碳税转嫁给下游产业，但数量有限；钢铁业较难将碳税转嫁给上游产业，而且要承接上游产业转移过来的碳税税负，考虑到钢铁业所消耗能源数量与上游产业消耗能源数量的巨大差距，从量上来看，承接转嫁的税负与自身能源消耗导致的碳税相比仍然较小；上述两个方面的力量相互抵销，可以认为税负转嫁的影响对于钢铁业的影响会很小，几乎可以忽略，钢铁业主要承担的是自身消耗能源导致的碳税税负。

6.1.2 征收碳税后能源效率提高与钢铁业碳税税负的减轻

征收碳税会促进能源效率的提高，能源效率的提高意味着单位产值所耗费的能源减少，从而减少能源成本，减轻碳税税负。

第二次世界大战以后，全球钢铁业发展经历了几个阶段：1946—1973 年是全球钢铁工业恢复和快速发展阶段；1973—2000 年，全球钢铁工业发展进入相对平缓的时期；而 2000 年以后，全球钢铁工业再次进入高速增长期，中国成为推动世界钢铁工业发展的最重要的动力，中国在全球钢铁产量的增量中的贡献率占 50% 左右。随着中国城市化的进程以及基础设施建设取得重大成就，中国钢铁工业的需求增速明显放缓，与发达国家走过的路相比，2013 年，中国人均耗钢达到 576 千克/人·年，已经接近发达国家的峰值点，中国应促使钢铁工业尽快转型（中研网，2014）。

作为世界主要产钢国家，中国的能源效率与其他主要产钢国有较大的差距。长期以来，以日、韩、德、美为代表的国外主要产钢国家，都非常注重采用先进技术，开展节能降耗，以使能耗最少、效益最高、环保最优。与国外先进水平相比，2005 年，中国钢铁工业吨钢平均能耗比国际先进水平高 10% 以上，单位工业总产值能耗比国际先进水平高出 3 倍以上。从 1996 年到 2005 年，日本吨钢平均能耗下降了 12.6%，从 823kgce/t 下降到 719kgce/t，韩国吨钢平均能耗下降了 4.01%；中国从 1996 年到 2005 年，吨钢平均能耗下降了 26.79%，在这段时间，中国的吨钢平均能耗下降速度很快，但起点太低，使得中国的能耗水平与日韩比仍有很大差距（见图 6-1）。吨钢能耗（Specific Energy Consumption）是一个实物指标，被定义为生产单位产品所需要的能源量，又称为实物能源强度（窦彬，2008）。

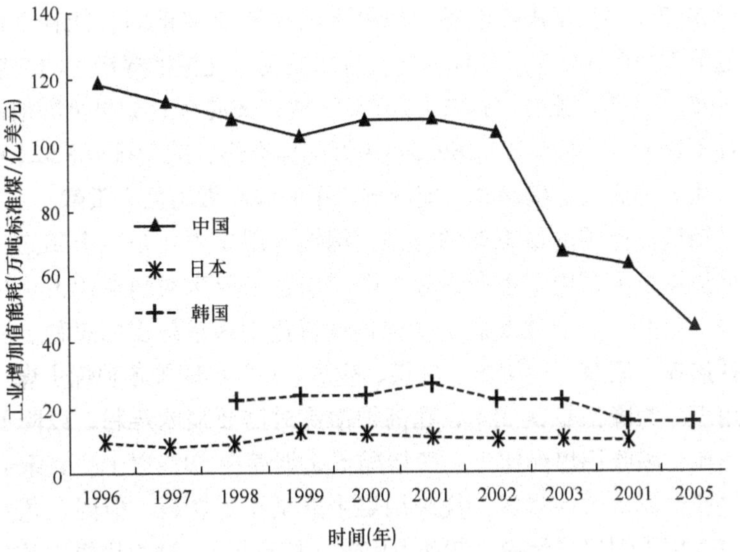

图 6－1　中日韩单位工业增加值能耗对比

经过中国各钢铁企业和政府的努力，中国钢铁业在节能减排方面还是取得了较大成就，根据表 6－3，中国重点钢铁企业吨钢综合能耗平均每年下降 1.95%。当然，这仅仅是中国重点钢铁企业的数据。重点钢铁企业的规模比较大，技术相对比较先进，其能效水平比一般企业肯定要高得多。一般钢铁企业资金和技术实力有限，其吨钢综合能耗的水平无论从绝对水平还是变化率来说都比重点钢铁企业要低得多。

表 6－3　2005—2015 年中国重点钢铁企业吨钢综合能耗及变化

年份	2005	2006	2007	2008	2009	2010
吨钢综合能耗（千克标煤）	694	645	628	629.93	619.43	606.69
比上一年下降比率（%）		7.06	2.64	0.31	1.67	2.06
年份	2011	2012	2013	2014	2015	
吨钢综合能耗（千克标煤）	601.72	603.75	591.88	584.7	572.2	
比上一年下降比率（%）	0.82	－0.34	1.97	1.21	2.13	

数据来源：2005—2009 年数据来自：王维兴．钢铁工业能耗现状和节能潜力分析［J］．中国钢铁业，2011（4）；2010 年后数据来自：中国钢铁业协会官网。

根据国家统计局的数据，2014 年，中国钢铁业共消耗煤炭 34 526.78 万吨，焦炭 40 145.54 万吨，电力 5 795.60 亿千瓦时。2014 年，中国钢铁业共消耗能源 69 342.42 万吨标准煤；如果全国钢铁业吨钢综合能耗下降 1% 的话，就能节省 693.424 2 万吨标准煤；按每消耗一吨标准煤产生的二氧化碳大概为 2.54 吨[①]计算，能减少排放 1 761.3 万吨二氧化碳；如果全国钢铁业吨钢综合能耗下降 2%，能节省 1 386.848 4 万吨标准煤，减少排放 3 522.6 万吨二氧化碳，能为企业效益提高和节能减排水平的提高做出巨大贡献。

煤是钢铁业使用的最重要的能源，钢铁业用煤主要是三个用途：①炼焦用煤。炼焦用煤主要用于生产焦炭，中国钢铁工业焦炭消费约占焦炭消费总量的 80% ~85%，折算成煤后是中国钢铁行业用煤量最多的煤种。炼焦用煤主要包括焦煤、肥煤、气肥煤、气煤、瘦煤、1/3 焦煤等各种炼焦煤。②喷吹和烧结用煤。为降低炼铁成本，在高炉冶炼时需要喷吹煤粉，以降低高炉冶炼入炉焦比，喷吹用煤配比中一般情况下无烟煤占 50% 以上，其余通常采用普通烟煤或贫煤、贫瘦煤等。烧结用煤主要是作为燃料，但因工艺及热值要求，一般选用无烟煤或焦粉。③动力用煤（燃料煤）。动力用煤大致有两种用途，一部分用于锅炉或发电；另一部分用于球团、耐火、炭素、石灰、轧钢行业等各种工业窑炉、加热炉加热。煤种一般为普通烟煤或褐煤等（冶金工业规划研究院，2016）。

钢铁业主要消耗的能源包括煤炭、焦炭和电力，其他能源包括原油、汽油、煤油、柴油、燃料油等消耗得非常少，可以忽略不计。根据钢铁业消耗掉的煤炭、焦炭和电力数量，以及三种投入的价格，我们可以大体计算出钢铁业的能源成本。

2014 年焦炭价格极为低迷，上半年焦炭市场呈现类“L”型走势，年初延续 2013 年 12 月焦炭下行走势，大幅走跌。4 月末出现微幅反弹情况，最高价 1 327 元/吨，最低 982 元/吨，振幅 35.13%，跌幅 25.80%[②]。第三季度，利好预期频频落空，市场进入弱势平稳期。第四季度焦炭市场整体延续了供需相对平衡的格局，两头承压的焦炭价格持续维持在难涨难跌的胶

① 涂华，刘翠杰．标准煤二氧化碳排放计算［J］．煤质技术，2014（3）：57 -60.

② 生意社．2014 上半年国内焦炭市场价格走势情况［EB/OL］．http：//www.100ppi.com/forecast/detail -20140709 -52574.html。

着状态[①]。纵观全年，2014 年的价格走势整体呈现“走势低迷，波动平缓”；在 1 月 2 日—12 月 24 日的 240 个交易日中，跌幅 -31.16%，区间振幅 32.16%；从主焦产区焦炭平均价格来看，焦炭价格在 2014 年初至 12 月底下降幅度近 1/3，目前在每吨 1 000 ~1 100 元之间[②]。考虑到第一季度焦炭较高的价格，我们将 2014 年焦炭平均价格设定为 1 100 元。

在钢铁业煤炭消耗结构中，动力煤约占钢铁业煤炭消费的 1/3 左右，例如 2012 年钢铁业动力煤消费 10 038 万吨[③]，而钢铁业煤炭消费总量是 30 296.16万吨[④]。以此估计，2014 年中国钢铁业动力煤消费总量约为 11 509 亿吨，消费的其他煤炭我们设定为品质更高一些的无烟煤。2014 年动力煤价格不断刷新历史新低，大体上可分为急速下跌、缓慢爬升、深度探底及阶梯形攀升 4 个阶段，截至 12 月 24 日，环渤海动力煤价格指数 5500K 价格报收 525 元/吨，与年初 610 元/吨相比每吨下跌 85 元。分析一年来动力煤价格的变化，动力煤中位价约为 520 元/吨。

无烟煤的价格同样波动较大。2014 年一整年，国内无烟煤市场在低迷局势中寻求涨机，无烟煤价可谓是年头、年尾高启，年中低价平平，呈现一个“V”曲线图形[⑤]。综合 2014 年金银岛和生意社的消息[⑥]，2014 年 1、2 月份无烟煤价格在 1 000 元/吨以上，此后缓慢下跌，至 5 月下旬下降到 950 元左右，然后继续下跌，于 6 ~10 月中旬维持在 920 元左右，此后价格缓慢上涨，但也只是在 935 元上下波动。据此，我们可以判断 2014 年无烟煤的中位价在 950 元左右。

① 煤炭研究网 .2014 年焦炭市场年度报告［EB/OL］. http：//futures. cnfol. com/jiaotan/20150113/19903406. shtml。

② 中国金属新闻网 . 焦炭将于年终开启上涨模式［EB/OL］. http：//www. metalnews. cn/oil/show -296622 -1. html。

③ 中商情报网 .2007—2012 年我国冶金行业动力煤消耗量图表［EB/OL］. http：//www. askci. com/news/201309/24/2417847107077. shtml.

④ 国家统计局 . 分行业煤炭消费总量［EB/OL］. http：//data. stats. gov. cn/easyquery. htm？cn = C01.

⑤ 能源网 .2014 年无烟煤市场回顾［EB/OL］. http：//www. nengyuan. com/news/d_201501115222800003. html.

⑥ 金银岛 .2014 年 1 月份国内无烟煤市场综述及 2 月份预测［EB/OL］. http：//finance. ifeng. com/a/20140128/11569171_0. shtml；生意社 .8 月 12 日无烟煤价格分析［EB/OL］. http：//news. chemnet. com/item/2014 -08 -12/2378928. html；生意社 .9 月 2 日无烟煤价格分析［EB/OL］. http：//news. chemnet. com/item/2014 -09 -02/2395505. html；生意社 .12 月 24 日无烟煤价格分析［EB/OL］. http：//www. 100ppi. com/forecast/detail -20141224 -65163. html.

根据国家能源局《2013—2014年全国电力企业价格情况监管通报》①，大工业用电平均电价2014年为655.86元/千千瓦时。

根据2014年中国钢铁业各类能源消费数量和价格，中国2014年钢铁业共花费能源成本11 105.85亿元（见表6-4），按2014年中国钢铁业共消耗能源69 342.42万吨标准煤进行折算，每吨标准煤可折价0.160 2万元。

表6-4 2014年钢铁业所消耗主要能源数量、价格及总价格

能源种类	能源价格	消耗量	总价格
动力煤	520元/吨	11 508.93万吨	598.46亿元
无烟煤	950元/吨	23 017.85万吨	2 290.28亿元
焦炭	1 100元/吨	40 145.54万吨	4 416.01亿元
电	655.86元/千千瓦时	5 795.60亿千瓦时	3 801.10亿元
合计			11 105.85亿元

2014年中国钢铁业共消耗能源69 342.42万吨标准煤，如前述按每消耗一吨标准煤排放2.54吨二氧化碳计算，2014年中国钢铁业要排放176 129.75万吨二氧化碳，分别按10元/吨、20元/吨、30元/吨和50元/吨计算碳税的话，钢铁业要缴纳碳税176.13亿元、352.26亿元、528.39亿元和880.65亿元。按前述钢铁业吨钢综合能耗下降1%计算，因减少能源消耗分别节省成本（包括因减少消耗能源从而减少碳税的部分）128.7亿元、146.31亿元、163.92亿元和199.14亿元。如果吨钢综合能耗下降1.5%，则因减少能源消耗分别节省成本（包括因减少消耗能源从而减少碳税的部分）193.05亿元、219.47亿元、245.88亿元、298.71亿元。如果吨钢综合能耗下降2%，则能分别节省成本257.4亿元、292.62亿元、327.84亿元、398.28亿元。即使吨钢综合能耗只下降0.5%，也能分别节省成本64.35亿元、73.16亿元、81.96亿元、99.57亿元。这表明，从行业的角度，一旦征收碳税，行业实际承受的碳税负担并没有想象中那么高，因为征收碳税后会导致能源效率的提高，从而使能源成本出现相应的下降，使得行业实际能源成本增加幅度变小（见表6-5）。

---

① 国家能源局：2013—2014年全国电力企业价格情况监管通报［EB/OL］. http://www.cpicorp.com.cn/zhxx/201509/t20150906_252714.html.

表 6-5 不同碳税标准和能效提高后的碳税及能源成本增加

单位：亿元

碳税征收标准	能效不变需缴碳税		征收碳税后因能效提高导致吨钢综合能耗下降比率及变化			
			0.5%	1%	1.5%	2%
10 元/吨	176.13	能效上升后节省的能源成本	64.35	128.7	193.05	257.4
		征收碳税后实际成本增加	111.78	47.43	-16.92	-81.27
20 元/吨	352.26	能效上升后节省的能源成本	73.16	146.31	219.47	292.62
		征收碳税后实际成本增加	279.1	206.15	132.79	59.64
30 元/吨	528.39	能效上升后节省的能源成本	81.96	163.92	245.88	327.84
		征收碳税后实际成本增加	446.43	364.47	282.51	200.53
50 元/吨	880.65	能效上升后节省的能源成本	99.57	199.14	298.71	398.28
		征收碳税后实际成本增加	781.08	681.51	581.94	482.37

上述分析的情况针对的是整个钢铁业的情况，因为中国还存在大量的规模相对较小的生产设备，一旦征收碳税，尤其是征收每吨 20～30 元的碳税，碳税对于能源效率提高的激励，加上国家征收碳税后折射出的国家政策导向，能源效率提高 1%～1.5% 是非常有可能的。

根据上述结果，从整个行业的角度，当征收低碳税时（10 元/吨），碳税征收对于钢铁业的影响较小，当征收较高的碳税（50 元/吨）时，行业的碳税负担确实较重，钢铁行业难以承受。在第二节的研究中，我们主要研究 10 元/吨、20 元/吨和 30 元/吨三种碳税方案对于企业的影响。

6.2 不同碳税方案对不同钢铁企业经济效益的影响

6.2.1 研究方法与样本选择

本章第一节我们研究了碳税征收后整个钢铁行业的碳税及能源成本负担情况，实际上反映的是碳税征收对于整个钢铁行业的影响。本节继续研究碳税征收对于钢铁行业的影响，将从更加微观的角度，研究不同碳税方案对于具体企业的影响。

碳税的征收对象是企业生产过程中所产生的二氧化碳，几乎所有的二氧化碳都来源于企业的各道生产工序中所消耗的能源。因此要研究碳税对企业的影响，必须先确定企业所消耗的各种能源数量，然后计算产生的二氧化碳量。以钢铁业为例，吨钢能耗是反映钢铁企业能源利用和能源消耗的重要指标，按照国家统计局的规定和统计工作的需要，吨钢能耗分为吨钢综合能耗和吨钢可比能耗，前者主要是反映企业的综合能源消耗，后者主要用于联合钢铁企业间进行能源消耗的对比。

吨钢综合能耗是指在报告期内，企业生产每吨钢材所消耗的各种能源总量。消耗能源的总量是消耗的各种能源按照一定的方法折算为统一的单位后的总和，是企业在所有工序中的能源消耗量。吨钢综合能耗的计算公式是：吨钢综合能耗＝企业自耗能源折标准煤量（千克标准煤）/企业的合格的钢产量（吨）①。吨钢可比能耗指钢铁企业在生产过程中，包括炼焦、烧结、炼铁、炼钢、成品钢材的配套生产、机车运输、燃料加工与运输、能源亏损，每吨钢材所分摊的能源消耗量，不包括联合企业的选矿、辅助生产及非生产性的能耗。在本书的研究中，我们采用吨钢综合能耗这个指标来度量钢铁企业的能源消耗，利用企业公布的钢产量和吨钢综合能耗的数据，得到企业消耗的能源数据，再利用每吨标准煤产生二氧化碳的系数，得到企业的二氧化碳排放量，然后就能进一步计算出不同碳税方案下企业应缴的碳税税额。

从会计学的角度来看，一个企业一旦被征收碳税，会增加企业的经营成本，将对企业的利润率和其他财务指标产生重要的影响。一个经济效益较好的企业，可能因为征收碳税而变成效益差的企业；一个原本维持较低利润率的企业，如果开始征收碳税，企业可能会由盈利变为亏损，企业的资产负债率等也会降低，甚至导致某些企业的退出。

我们以 2014 年企业已经发生的财务指标作为基础，假设 2014 年开始征收碳税，这样就要在原有的各项指标中加入碳税因素，考察企业在 2014 年征收碳税之后企业经济效益及其他财务指标的变化，以此来观察碳税征收对于企业的影响。更进一步，因为征收碳税后企业的能源利用效率会提高，企业将减少能源消耗，从而降低能源成本，这将部分抵消企业的碳税负担。我们在研究过程中选取的样本都是一些规模较大、技术相对先进的企业，而征收

---

① 魏建新．钢铁企业能源消耗指标浅析［J］．节能，2001（4）：39.

碳税后预计将淘汰掉一些过剩产能，淘汰掉技术落后、规模较小、能效较低的企业，因此，征收碳税后样本企业能源效率提高的速度肯定会低于整个行业能效提高的速度，我们这里分别假设能效提高0.5%和1%两种情况来研究碳税征收和能效提高双重作用下企业的经济效益情况。在企业经济效益方面，我们主要关注净利润、资产负债率和净资产收益率三个指标。净利润是指在利润总额中按规定交纳了所得税后公司的利润留成，一般也称为税后利润或净利润。净利润是一个企业经营的最终成果，是衡量一个企业经营效益的主要指标。净利润多，企业的经营效益就好；净利润少，企业的经营效益就差。我们再用资产负债率和净资产收益率来衡量该企业的财务状况和经营成果。资产负债率的公式为：资产负债率=期末负债/期末资产×100%。资产负债率反映在总资产中有多大比例是通过借债来筹资的，可以衡量企业在清算时保护债权人利益的程度，资产负债率是衡量公司利用债权人资金进行经营活动能力的指标，也反映债权人发放贷款的安全程度。如果资产负债比率达到100%或超过100%，说明公司已经没有净资产或资不抵债。净资产收益率的公式为：净资产收益率=净利润/平均净资产×100%，其中平均净资产=（期初净资产+期末净资产）/2，净资产是指归属于股东的资产即所有者权益。净资产收益率是衡量企业获利能力的重要指标。

在本节的研究中，我们选择宝钢股份、武钢股份、太钢不锈钢、鞍钢股份、马钢股份、柳钢股份、包钢股份、南钢股份、安阳钢铁、重庆钢铁作为研究样本，这些样本规模不同，能够探索不同碳税方案对于企业的影响。选择这10个企业的原因在于：第一，我们对这些企业做过规模有效性的研究，本节的研究中需要参考其规模有效性状况；第二，这些企业都是上市企业，数据尤其是财务数据容易获得；第三，这些企业的主业非常突出，主要生产钢铁及钢铁制品，这使得研究更加简单和准确。

6.2.2　不同碳税方案对不同钢铁企业经济效益的影响

6.2.2.1　宝山钢铁股份有限公司

宝钢是中国规模最大、品种规格最齐全的钢铁企业之一，在汽车用钢、造船用钢、油气开采和输送用钢、家电用钢、电工器材用钢、锅炉和压力容器用钢、食品饮料等包装用钢、金属制品用钢、不锈钢、特种材料用钢以及高等级建筑用钢等领域拥有强大的实力。

我们收集了宝钢各方面的数据，并根据上述计算方法计算了宝钢的能源消耗、二氧化碳排放、资产负债率、净资产收益率，以及在不同碳税方案和碳税方案实施后出现能效变化共同作用下的碳税额、净利润、资产负债率和净资产收益率（见表6－6、表6－7和表6－8）。

表6－6　宝钢2014年资产负债表摘录　　单位：元

	期末余额	期初余额
资产	228 652 514 012. 36	226 704 338 731. 46
负债	104 447 687 865. 65	106 746 931 567. 28
所有者权益	124 204 826 146. 71	119 957 407 164. 18
负债和所有者权益	228 652 514 012. 36	226 704 338 731. 46

数据来源：宝钢股份有限公司2014年年度报告.

表6－7　宝钢2014年钢产量、能源消耗、排放及财务指标

钢产量（万吨）	吨钢综合能耗（kgce/t）	能源消耗（万吨标煤）	二氧化碳排放（万吨）	净利润（万元）	资产负债率	净资产收益率
4 335	614. 49	2 663. 8	6 766. 1	609 069. 22	45. 7%	4. 99%

数据来源：钢产量：2014年全球钢铁企业粗钢产量排名［EB/OL］. http：//info. glinfo. com/15/0617/06/DD77511E89435585. html.

吨钢综合能耗：宝钢股份可持续发展报告（2014）.

净利润：宝钢股份有限公司2014年年度报告.

表6－8　不同碳税方案及能效变化对于企业财务指标的影响

碳税方案		10元/吨	20元/吨	30元/吨
能耗无变化	碳税额（万元）	67 661	135 322	202 983
	净利润（万元）	541 408. 22	473 747. 22	406 086. 22
	资产负债率（%）	45. 8	46. 0	46. 09
	净资产收益率（%）	4. 43	3. 88	3. 33
吨钢综合能耗下降0. 5%	碳税额（万元）	67 322. 7	128 555. 9	192 833. 9
	净利润（万元）	541 746. 5	480 513. 3	416 235. 3
	资产负债率（%）	45. 8	45. 9	46. 1
	净资产收益率（%）	4. 46	3. 98	3. 46

续表

碳税方案		10 元/吨	20 元/吨	30 元/吨
吨钢综合能耗下降1%	碳税额（万元）	60 894.9	121 789.8	182 684.7
	净利润（万元）	548 174.3	487 279.4	426 384.5
	资产负债率（%）	45.8	45.9	46.0
	净资产收益率（%）	4.51	4.03	3.55

数据来源：根据表6－6、表6－7数据计算而来。

可以看出，对于像宝钢这样规模巨大、技术先进以及经济效益好的企业，征收较低的碳税对于其净利润、资产负债率和净资产收益率影响较小，但当征收较高的碳税时，如每吨30元的碳税，对于这些指标的影响就比较大了；如果征收碳税后能源效率能够有效提升，企业的压力将能得到比较大的缓解，尤其是在碳税低而能效提升较大的情况下。在这三种碳税方案下，企业的资产负债率都没有受到太大影响，说明大规模先进企业对于外界风险有强大的抵抗能力。

6.2.2.2 武汉钢铁股份有限公司

武汉钢铁股份有限公司拥有世界先进水平的炼铁、炼钢、轧钢等完整的钢铁生产工艺流程，主要产品有冷轧薄板、冷轧硅钢、热轧板卷、中厚板、大型材、高速线材、棒材等。

我们首先收集武钢各方面的数据，并根据相应计算方法计算武钢的能源消耗、二氧化碳排放、资产负债率、净资产收益率，以及在不同碳税方案和碳税方案实施后出现的能效变化共同作用下的碳税额、净利润、资产负债率和净资产收益率（见表6－9、表6－10和表6－11）。

表6－9　武钢2014年资产负债表摘录　　单位：元

	期末余额	期初余额
资产	96 063 509 210.02	115 808 118 990.29
负债	59 484 386 382.73	75 035 401 457.12
所有者权益	36 579 122 827.29	40 772 717 533.17
负债和所有者权益	96 063 509 210.02	115 808 118 990.29

资料来源：武汉钢铁股份有限公司2014年年度报告.

表 6-10　武钢 2014 年钢产量、能源消耗、排放及财务指标

钢产量（万吨）	吨钢综合能耗（kgce/t）	能源消耗（万吨标煤）	二氧化碳排放（万吨）	净利润（万元）	资产负债率	净资产收益率
3 305	611.95	2 022.5	5 594.35	129 259.73	61.9%	3.34%

数据来源：钢产量：2014 年全球钢铁企业粗钢产量排名［EB/OL］. http://info.glinfo.com/15/0617/06/DD77511E89435585.html.

净利润：武汉钢铁股份有限公司 2014 年年度报告.

吨钢综合能耗：武钢新闻中心．书写绿色武钢低碳生活新画卷［EB/OL］. http://www.wisco.com.cn/shzrsj/5537.jhtml.

表 6-11　不同碳税方案及能效变化对于企业财务指标的影响

碳税方案		10 元/吨	20 元/吨	30 元/吨
能耗无变化	碳税额（万元）	55 943.5	111 887.0	167 830.5
	净利润（万元）	73 315.5	17 372.73	-38 570.77
	资产负债率（%）	62.3	62.7	63.0
	净资产收益率（%）	1.91	0.45	-1.02
吨钢综合能耗下降 0.5%	碳税额（万元）	53 145.9	106 291.7	159 437.6
	净利润（万元）	76 113.8	22 968.0	-30 177.87
	资产负债率（%）	62.3	62.6	63.0
	净资产收益率（%）	2.0	0.6	-0.8
吨钢综合能耗下降 1%	碳税额（万元）	50 349.2	100 698.3	151 047.5
	净利润（万元）	78 946.53	28 561.43	-21 787.77
	资产负债率（%）	62.2	62.6	63.0
	净资产收益率（%）	2.05	0.75	-0.57

数据来源：根据表 6-9、表 6-10 数据计算而来。

可以看出，由于武钢规模巨大，碳税征收会导致企业资产负债率上升，但上升幅度较小，在征收碳税同时能源效率得到提升的情况下，碳税征收对于企业资产负债率的影响较小。由于武钢经济效益一般，在没有征收碳税的情况下，利润只有 12.93 亿元，净资产收益率为 3.34%，随着碳税的征收，即使征收较低的碳税，对于企业的利润和净资产收益率也会产生重大影响，当碳税税率稍高（如每吨30元）的时候，企业的利润和净资产收益率均为负数，能源效率的上升能够缓解征收碳税的压力，但效果不明显。

6.2.2.3　山西太钢不锈钢股份有限公司

山西太钢不锈钢股份有限公司，前身为西北炼钢厂，始建于1934年，1996年改制为国有独资公司，是以生产板材为主的大型钢铁联合企业和中国最大的不锈钢生产企业，经营范围包括不锈钢及其他钢材、钢坯、钢锭、黑色金属、铁合金、金属制品的生产、销售等。

我们收集了太钢各方面的数据，根据相应计算方法计算太钢的能源消耗、二氧化碳排放、资产负债率、净资产收益率，以及在不同碳税方案和碳税方案实施后出现的能效变化共同作用下的碳税额、净利润、资产负债率和净资产收益率（见表6－12、表6－13和表6－14）。

表6－12　太钢2014年资产负债表摘录　　单位：元

	期末余额	期初余额
资产	76 305 847 106.14	75 811 419 821.65
负债	50 354 368 367.72	49 674 352 279.96
所有者权益	25 951 478 738.42	26 137 067 541.69
负债和所有者权益	76 305 847 106.14	75 811 419 821.65

资料来源：山西太钢不锈钢股份有限公司2014年年度报告.

表6－13　太钢2014年钢产量、能源消耗、排放及财务指标

钢产量（万吨）	吨钢综合能耗（kgce/t）	能源消耗（万吨标煤）	二氧化碳排放（万吨）	净利润（万元）	资产负债率	净资产收益率
1 072	541	579.95	1 473.08	27 761.94	66.0%	1.06%

数据来源：钢产量：2014年世界粗钢产量排名情况分析［EB/OL］. http：//www.chinabgao.com/k/cugang/19128.html.

净利润：山西太钢不锈钢股份有限公司2014年年度报告.

吨钢综合能耗：山西太钢不锈钢股份有限公司2014年社会责任报告［EB/OL］. http：//wapgw.cn/newsdetail.php? path = news/news/2015/0425/newsContent1747433.json.

表 6-14 不同碳税方案及能效变化对于企业财务指标的影响

碳税方案		10 元/吨	20 元/吨	30 元/吨
能耗无变化	碳税额（万元）	14 730.8	29 461.6	44 192.4
	净利润（万元）	13 031.14	-1 699.66	-13 430.46
	资产负债率（%）	66.1	66.2	66.4
	净资产收益率（%）	0.50	-0.07	-0.52
吨钢综合能耗下降 0.5%	碳税额（万元）	13 994.26	27 988.52	41 982.78
	净利润（万元）	13 767.68	-226.58	-14 220.84
	资产负债率（%）	66.1	66.2	66.4
	净资产收益率（%）	0.53	0	-0.55
吨钢综合能耗下降 1%	碳税额（万元）	13 257.72	26 515.44	39 773.16
	净利润（万元）	14 504.22	1 246.5	-12 011.22
	资产负债率（%）	66.1	66.2	66.3
	净资产收益率（%）	0.55	0.05	0.46

数据来源：根据表 6-12、表 6-13 数据计算而来。

据表 6-12、表 6-13 和表 6-14，太钢有三个特点：第一，企业规模较大，资产额和负债额都比较大；第二，企业能源效率较高；第三，企业效益不佳，资产负债率很高，企业风险较大。由于上述三个特点，征收碳税，以及随之出现的能源效率的提高，对于企业的资产负债率影响很小，但企业都存在较大的风险。在征收碳税之前，企业的经济效益就不是很好，利润较少。征收碳税对于企业利润和净资产收益率影响巨大，征收稍高的碳税（如每吨 20 元以上）将使企业直接进入亏损状态。

6.2.2.4 鞍钢股份有限公司

鞍钢股份有限公司于 1997 年 5 月 8 日正式成立，是在鞍钢集团所拥有的线材厂、厚板厂、冷轧厂（“三个厂”）基础上组建而成的，公司以汽车板、家电板、集装箱板、造船板、管线钢、冷轧硅钢等为主导产品。

我们收集鞍钢各方面的数据，根据相应计算方法计算鞍钢的能源消耗、二氧化碳排放、资产负债率、净资产收益率，以及在不同碳税方案和碳税方案实施后出现的能效变化共同作用下的碳税额、净利润、资产负债率和净资产收益率（见表 6-15、表 6-16 和表 6-17）。

表 6－15 鞍钢 2014 年资产负债表摘录 单位：百万元

	期末余额	期初余额
资产	91 291	92 865
负债	43 095	45 775
所有者权益	48 196	47 090
负债和所有者权益	91 291	92 865

数据来源：鞍钢股份有限公司 2014 年年度报告.

表 6－16 鞍钢 2014 年钢产量、能源消耗、排放及财务指标

钢产量（万吨）	吨钢综合能耗（kgce/t）	能源消耗（万吨标煤）	二氧化碳排放（万吨）	净利润（百万元）	资产负债率	净资产收益率
3 435	587	2 016. 35	5 121. 52	924	47. 2	1. 94

数据来源：钢产量：2014 年世界粗钢产量排名情况分析［EB/OL］. http：//www. chinabgao. com/k/cugang/19128. html.

净利润：鞍钢股份有限公司 2014 年年度报告.

吨钢综合能耗：中国钢铁产业网信息中心. 鞍钢股份总经理：城市因“钢铁”而不同［EB/OL］. http：//www. steelcome. com/content. aspx? newsid＝6039.

表 6－17 不同碳税方案及能效变化对于企业财务指标的影响

碳税方案		10 元/吨	20 元/吨	30 元/吨
能耗无变化	碳税额（万元）	51 215. 2	102 430. 4	153 645. 6
	净利润（万元）	41 184. 8	－10 030. 4	－612 456
	资产负债率（%）	47. 5	47. 7	48. 0
	净资产收益率（%）	0. 87	－0. 21	－1. 31
吨钢综合能耗下降 0. 5%	碳税额（万元）	48 654. 4	97 308. 9	145 963. 3
	净利润（万元）	43 745. 6	－4 908. 8	－53 563. 2
	资产负债率（%）	47. 5	47. 7	48. 0
	净资产收益率（%）	0. 92	－0. 10	－1. 14
吨钢综合能耗下降 1%	碳税额（万元）	46 093. 68	92 187. 36	138 281. 04
	净利润（万元）	46 306. 32	212. 64	－45 881. 04
	资产负债率（%）	47. 5	47. 7	48. 0
	净资产收益率（%）	0. 98	0	－0. 98

数据来源：根据表 6－15、表 6－16 数据计算而来。

根据表6-15、表6-16和表6-17，鞍钢有三个特点：第一，企业规模较大，资产额和负债额都比较大；第二，企业能源效率相对较高；第三，企业资产负债率比较低，安全系数较高，企业效益相对先进水平有很大差距，但比太钢稍强。由于上述三个特点，征收碳税，以及随之出现的能源效率的提高，对于企业的资产负债率影响很小，企业的风险较小。企业的经济效益一般，利润较低，征收碳税对于企业利润和净资产收益率影响巨大，征收碳税直接影响企业的经济效益。

6.2.2.5　内蒙古包钢钢联股份有限公司

内蒙古包钢钢联股份有限公司于1999年成立，经营范围包括：生产、销售黑色金属、钢铁制品及其压延加工产品、冶金机械、设备及配件，进出口贸易的业务及咨询，钢铁生产技术咨询、焦炭及副产品生产和销售、冶金的投资、黑色金属冶炼、工业用氧、工业用氮、工业氢、纯氩、压缩空气、蒸汽、城市煤气经营、钢铁产品采购、耐火材料、冶金炉料产品生产和销售、耐火材料技术转让和施工服务、废钢铁加工、采购和销售、专有技术（高炉无钟炉顶布料器）、电力设备的施工、维护和检修以及电力技术服务、火车货物运输和工业用水。

我们在收集包钢各方面数据之后，根据相应计算方法计算包钢的能源消耗、二氧化碳排放、资产负债率、净资产收益率，以及在不同碳税方案和碳税方案实施后出现的能效变化共同作用下的碳税额、净利润、资产负债率和净资产收益率（见表6-18、表6-19和表6-20）。

表6-18　包钢2014年资产负债表摘录　　单位：元

	期末余额	期初余额
资产	103 666 163 445.74	90 256 228 108.13
负债	84 509 312 688.29	71 136 115 279.11
所有者权益	19 156 850 757.45	19 120 112 829.02
负债和所有者权益	103 666 163 445.74	90 256 228 108.13

数据来源：包钢股份2014年年度报告．

表 6－19 包钢 2014 年钢产量、能源消耗、排放及财务指标

钢产量（万吨）	吨钢综合能耗（kgce/t）	能源消耗（万吨标煤）	二氧化碳排放（万吨）	净利润（万元）	资产负债率	净资产收益率
870	619	538.53	1 367.87	20 130.87	81.5%	1.05%

数据来源：钢产量：包钢股份 2014 年年度报告.

吨钢综合能耗：包头钢铁有限责任公司 2015 年度第二期超短期融资券募集说明书［EB/OL］. http：//pg. jrj. com. cn/acc/CN _ DISC/BOND _ NT/2015/03/18/103042267_ls_0000000000000b0eym. pdf.

表 6－20 不同碳税方案及能效变化对于企业财务指标的影响

碳税方案		10 元/吨	20 元/吨	30 元/吨
能耗无变化	碳税额（万元）	13 678.7	27 357.4	41 036.1
	净利润（万元）	6 452.17	－7 226.53	－20 905.23
	资产负债率（%）	81.5	81.7	81.8
	净资产收益率（%）	0.34	－0.38	－1.10
吨钢综合能耗下降 0.5%	碳税额（万元）	12 994.8	25 989.5	38 984.3
	净利润（万元）	7 136.07	－5 858.73	－18 853.53
	资产负债率（%）	81.5	81.7	81.8
	净资产收益率（%）	0.37	－0.31	－1.0
吨钢综合能耗下降 1%	碳税额（万元）	12 310.8	24 621.7	36 932.5
	净利润（万元）	7 820.07	－4 490.73	－16 801.53
	资产负债率（%）	81.5	81.7	81.8
	净资产收益率（%）	0.41	－0.24	－0.89

数据来源：根据表 6－18、表 6－19 数据计算而来。

从上述数据可以看出，包钢资产规模庞大，资产负债率高，利润率低，属于效益差、历史包袱重的企业，征收碳税对资产负债率几乎没有影响，但对于利润和净资产收益率影响巨大，即使能效提高一些，也解决不了太多问题。

6.2.2.6 柳州钢铁股份有限公司

公司原名广西柳州金程股份有限公司，2001 年更名为柳州钢铁股份有限公司，并于 2007 年挂牌上市，公司经营范围为：烧结、炼铁、炼钢及其副产品的销售，钢材轧制、加工及其副产品的销售，炼焦及其副产品的销售。柳钢产品品种齐全，有中厚板、中小型材、线材、热轧宽带钢、棒材、薄板等系列数百种规格产品。

我们收集柳钢各方面的数据，根据相应计算方法计算柳钢的能源消耗、二氧化碳排放、资产负债率、净资产收益率，以及在不同碳税方案和碳税方案实施后出现的能效变化共同作用下的碳税额、净利润、资产负债率和净资产收益率（见表6-21、表6-22和表6-23）。

表6-21　柳钢2014年资产负债表摘录　　单位：元

	期末余额	期初余额
资产	25 000 073 963.56	23 866 887 353.42
负债	19 299 871 647.64	18 257 267 982.65
所有者权益	5 700 202 315.92	5 609 619 370.77
负债和所有者权益	25 000 073 963.56	23 866 887 353.42

数据来源：柳钢股份2014年年度报告.

表6-22　柳钢2014年钢产量、能源消耗、排放及财务指标

钢产量（万吨）	吨钢综合能耗（kgce/t）	能源消耗（万吨标煤）	二氧化碳排放（万吨）	净利润（万元）	资产负债率	净资产收益率
1 139.07	576	656.10	1 666.50	16 872.58	77.2%	2.98%

数据来源：柳钢股份2014年年度报告.

表6-23　不同碳税方案及能效变化对于企业财务指标的影响

碳税方案		10元/吨	20元/吨	30元/吨
能耗无变化	碳税额（万元）	6 561.0	13 122	19 683
	净利润（万元）	10 311.58	3 750.58	-2 810.42
	资产负债率（%）	77.4	77.6	77.8
	净资产收益率（%）	1.8	0.67	-0.5
吨钢综合能耗下降0.5%	碳税额（万元）	6 232.95	12 465.9	18 698.85
	净利润（万元）	10 639.63	4 406.68	-1 826.27
	资产负债率（%）	77.4	77.6	77.8
	净资产收益率（%）	1.89	0.79	-0.33

续表

碳税方案		10元/吨	20元/吨	30元/吨
吨钢综合能耗下降1%	碳税额（万元）	5 904.9	11 809.8	17 714.7
	净利润（万元）	10 967.68	5 062.78	-842.12
	资产负债率（%）	77.4	77.6	77.8
	净资产收益率（%）	1.95	0.91	-0.15

数据来源：根据表6-21、表6-22数据计算而来。

相比而言，柳钢是中等钢铁企业，资产负债率高，利润率较低，属于效益相对较差、历史包袱很重的企业，征收碳税对资产负债率影响较小，对于利润和净资产收益率影响较大，如能效提高一些，有助于缓解企业面临的压力。

6.2.2.7　马鞍山钢铁股份有限公司

马鞍山钢铁股份有限公司是在国有企业马鞍山钢铁公司基础上改组设立的一家股份有限公司，是主要经营钢铁业务，包括炼铁、炼钢、轧钢整套系统的大型钢铁联合企业。

在收集马钢各方面数据的基础上，我们计算出马钢的能源消耗、二氧化碳排放、资产负债率、净资产收益率，以及在不同碳税方案和碳税方案实施后出现的能效变化共同作用下的碳税额、净利润、资产负债率和净资产收益率（见表6-24、表6-25和表6-26）。

根据表6-24、表6-25、表6-26，可以看出马钢是大型钢铁企业，资产负债率较高，利润率很低，属于效益差、历史包袱重的企业，征收碳税对资产负债率影响较小，对于利润和净资产收益率影响很大，即使只征收每吨10元的碳税，也直接把该企业变成一个净亏损的企业，即使征收碳税后能效能提高一些，也只是减少一些亏损而已。

表6-24　马钢2014年资产负债表摘录　　单位：元

	期末余额	期初余额
资产	68 511 174 810	71 821 618 000
负债	42 621 776 823	46 122 582 562
所有者权益	25 889 397 987	25 699 035 438
负债和所有者权益	68 511 174 810	71 821 618 000

数据来源：马钢股份2014年年度报告.

表 6－25　马钢 2014 年钢产量、能源消耗、排放及财务指标

钢产量（万吨）	吨钢综合能耗（kgce/t）	能源消耗（万吨标煤）	二氧化碳排放（万吨）	净利润（万元）	资产负债率	净资产收益率
1 887	618	1 166.17	2 962.06	26 404.75	62.2%	1.02%

数据来源：吨钢综合能耗：马钢（集团）控股有限公司 2015 年度第一期中期票据募集说明书（修订）[EB/OL]．http：//max. book118. com/html/2015/1027/28013624. shtm.

其他数据来源：马钢股份 2014 年年度报告．

表 6－26　不同碳税方案及能效变化对于企业财务指标的影响

碳税方案		10 元/吨	20 元/吨	30 元/吨
能耗无变化	碳税额（万元）	29 620.6	59 241.2	88 861.8
	净利润（万元）	－3 215.85	－32 836.45	－62 457.05
	资产负债率（%）	62.5	62.8	63.0
	净资产收益率（%）	－0.12	－1.29	－2.47
吨钢综合能耗下降 0.5%	碳税额（万元）	28 139.57	56 279.14	84 418.71
	净利润（万元）	－1 734.82	－29 874.39	－58 013.96
	资产负债率（%）	62.5	62.7	63.0
	净资产收益率（%）	－0.07	－1.17	－2.29
吨钢综合能耗下降 1%	碳税额（万元）	26 658.54	53 317.08	79 975.62
	净利润（万元）	－253.79	－26 912.33	－53 570.87
	资产负债率（%）	62.5	62.7	6 362.9
	净资产收益率（%）	0	－1.05	－2.11

数据来源：根据表 6－24、表 6－25 数据计算而来。

6.2.2.8　南京钢铁股份有限公司

南京钢铁股份有限公司于 1999 年成立，2000 年 9 月挂牌上市，公司拥有炼铁厂、炼钢厂、焦化厂、棒材厂、带钢厂、中板厂、中厚板卷厂等分厂，主要从事黑色金属冶炼及压延加工，钢材、钢坯及其他金属的销售，焦炭及副产品生产（危险化学品除外），拥有从焦化、烧结、炼铁、炼钢到轧钢的完整生产系统。南钢的主要产品包括中板系列：普碳板、船用板、合金板、压力容器板、锅炉板、桥梁板等；棒材系列：圆钢、螺纹钢等；钢带系列：普碳钢带和优质钢带等。

在收集南钢各项数据的基础上，我们计算出南钢的能源消耗、二氧化碳排放、资产负债率、净资产收益率，以及在不同碳税方案和碳税方案实施后出现的能效变化共同作用下的碳税额、净利润、资产负债率和净资产收益率（见表6－27、表6－28和表6－29）。

表6－27　南钢2014年资产负债表摘录　　单位：元

	期末余额	期初余额
资产	39 537 693 576.58	36 710 721 889.97
负债	30 965 500 626.88	28 429 623 113.43
所有者权益	8 572 192 949.70	8 281 098 776.54
负债和所有者权益	39 537 693 576.58	36 710 721 889.97

数据来源：南京钢铁股份有限公司2014年年度报告.

表6－28　南钢2014年钢产量、能源消耗、排放及财务指标

钢产量（万吨）	吨钢综合能耗（kgce/t）	能源消耗（万吨标煤）	二氧化碳排放（万吨）	净利润（万元）	资产负债率	净资产收益率
804	609	489.64	1 243.68	29 227.78	78.3%	3.47%

数据来源：钢产量：世界钢铁协会.2014年主要钢铁公司产量排名.

吨钢综合能耗：南京钢铁股份有限公司2014年度社会责任报告书.

其他数据来源：南京钢铁股份有限公司2014年年度报告.

表6－29　不同碳税方案及能效变化对于企业财务指标的影响

碳税方案		10元/吨	20元/吨	30元/吨
能耗无变化	碳税额（万元）	12 436.8	24 873.6	37 310.4
	净利润（万元）	16 790.98	4 354.18	－8 082.62
	资产负债率（%）	78.7	79.0	79.3
	净资产收益率（%）	2.01	0.53	－0.98
吨钢综合能耗下降0.5%	碳税额（万元）	11 814.96	23 629.92	35 444.88
	净利润（万元）	17 412.82	5 597.86	－6 217.1
	资产负债率（%）	78.6	78.8	79.0
	净资产收益率（%）	2.08	0.67	－0.75

续表

碳税方案		10 元/吨	20 元/吨	30 元/吨
吨钢综合能耗下降 1%	碳税额（万元）	11 193.12	22 386.24	33 579.36
	净利润（万元）	18 034.66	6 841.54	-4 351.58
	资产负债率（%）	78.5	78.8	79.0
	净资产收益率（%）	2.15	0.82	-0.53

数据来源：根据表 6-27、表 6-28 数据计算而来。

根据表 6-27、表 6-28、表 6-29，可以看出南钢是大中型钢铁企业，净利润相对较高，净资产收益率也相对较高，但该企业资产负债率很高，企业蕴含极大的风险，征收碳税对利润冲击较大，并使已经严重的资产负债率雪上加霜，能效的提高对于利润、净资产收益率有正面影响。

6.2.2.9 安阳钢铁股份有限公司

安阳钢铁股份有限公司于 1993 年成立，2001 年 8 月发行上市，是集炼焦、烧结、冶炼、轧材及科研开发为一体的大型钢铁联合企业，可生产中厚板、炉卷板、热轧卷板、高速线材、中小型材等 100 多个品种，6 000 余个规格的钢材产品以及炼焦化工产品。

在收集安钢各项数据的基础上，我们计算出安钢的能源消耗、二氧化碳排放、资产负债率、净资产收益率，以及在不同碳税方案和碳税方案实施后出现的能效变化共同作用下的碳税额、净利润、资产负债率和净资产收益率（见表 6-30、表 6-31 和表 6-32）。

表 6-30　安阳钢铁 2014 年资产负债表摘录　　单位：元

	期末余额	期初余额
资产	32 146 566 972.51	32 006 094 515.74
负债	24 515 161 820.27	24 618 429 572.83
所有者权益	7 631 405 152.24	7 387 664 942.91
负债和所有者权益	32 146 566 972.51	32 006 094 515.74

数据来源：安阳钢铁股份有限公司 2014 年年度报告.

表 6－31　安阳钢铁 2014 年钢产量、能源消耗、排放及财务指标

钢产量（万吨）	吨钢综合能耗（kgce/t）	能源消耗（万吨标煤）	二氧化碳排放（万吨）	净利润（万元）	资产负债率	净资产收益率
1 089	601.72	655.27	1 664.39	3 342.26	76.3%	0.45%

数据来源：钢产量：世界钢铁协会．2014 年主要钢铁公司产量排名．
吨钢综合能耗：安阳钢铁股份有限公司 2011 年公司债券（第一期、第二期）跟踪评级报告（2015 年）．
其他数据来源：安阳钢铁股份有限公司 2014 年年度报告．

表 6－32　不同碳税方案及能效变化对于企业财务指标的影响

碳税方案		10 元/吨	20 元/吨	30 元/吨
能耗无变化	碳税额（万元）	16 643.9	33 287.8	49 931.7
	净利润（万元）	－13 301.64	－29 945.54	－46 589.44
	资产负债率（%）	76.7	77.1	77.5
	净资产收益率（%）	－1.79	－4.08	－6.43
吨钢综合能耗下降 0.5%	碳税额（万元）	15 811.71	31 623.41	47 435.12
	净利润（万元）	－12 469.45	－28 281.16	－44 092.87
	资产负债率（%）	76.5	76.8	77.1
	净资产收益率（%）	－1.68	－3.83	6.02
吨钢综合能耗下降 1%	碳税额（万元）	14 979.51	29 959.02	44 938.53
	净利润（万元）	－11 637.25	－26 616.76	－41 596.27
	资产负债率（%）	76.4	76.6	76.8
	净资产收益率（%）	－1.55	－3.58	－5.63

数据来源：根据表 6－30、表 6－31 数据计算而来。

根据表 6－30、表 6－31、表 6－32，可以看出安阳钢铁的情况与马鞍山钢铁的情况非常相似：规模较大，资产负债率很高，利润率很低，属于效益差、历史包袱重的企业，征收碳税对资产负债率影响较小，但对已经面临巨大风险的企业起到雪上加霜的效果，碳税征收对于利润和净资产收益率影响很大，即使只征收每吨 10 元的低碳税，也会把该企业变成一个净亏损的企业，即使征收碳税后能效提高一些，也只是减少一些亏损而已。

6.2.2.10　重庆钢铁股份有限公司

重庆钢铁股份有限公司（简称：重钢股份公司或重庆钢铁）成立于 1997 年 8 月，同年 10 月在香港联合交易所有限公司上市，2007 年 2 月在上海证券交易所上市，主要生产和销售板材、型材、线材、钢坯、钢铁副产品及焦炭煤化工制品。

收集重庆钢铁各项数据，计算出重庆钢铁的能源消耗、二氧化碳排放、资产负债率、净资产收益率，以及在不同碳税方案和碳税方案实施后出现的能效变化共同作用下的碳税额、净利润、资产负债率和净资产收益率（见表6－33、表6－34和表6－35）。

表6－33　重庆钢铁2014年资产负债表摘录　　单位：元

	期末余额	期初余额
资产	47 152 43.3	48 045 97.7
负债	37 159 30.7	38 109 67.4
所有者权益	9 993 12.6	9 936 30.3
负债和所有者权益	47 152 43.3	48 045 97.7

数据来源：重庆钢铁股份有限公司2014年年度报告.

表6－34　重庆钢铁2014年钢产量、能源消耗、排放及财务指标

钢产量（万吨）	吨钢综合能耗（kgce/t）	能源消耗（万吨标煤）	二氧化碳排放（万吨）	净利润（万元）	资产负债率	净资产收益率
434	571	247.81	629.45	5 164.3	78.8%	0.52%

数据来源：钢产量：世界钢铁协会.2014年主要钢铁公司产量排名.

吨钢综合能耗：重钢集团成为国家循环经济试点示范单位　全国钢企仅8家［EB/OL］.http：//www.cqgtjt.com/news_ detail/newsId＝1403.html.

其他数据来源：重庆钢铁股份有限公司2014年年度报告.

表6－35　不同碳税方案及能效变化对于企业财务指标的影响

碳税方案		10元/吨	20元/吨	30元/吨
能耗无变化	碳税额（万元）	6 294.5	12 589	18 883.5
	净利润（万元）	－1 130.2	－9 246.74	－15 541.24
	资产负债率（%）	78.9	79.0	79.1
	净资产收益率（%）	－0.11	－0.93	－1.57
吨钢综合能耗下降0.5%	碳税额（万元）	5 980.0	11 959.55	17 939.55
	净利润（万元）	－815.7	－6 795.7	－12 775.7
	资产负债率（%）	78.9	79.0	79.1
	净资产收益率（%）	－0.08	－0.69	－1.30

续表

碳税方案		10元/吨	20元/吨	30元/吨
吨钢综合能耗下降1%	碳税额（万元）	5 665.05	11 330.1	16 995.15
	净利润（万元）	-500.75	-6 165.8	-11 830.85
	资产负债率（%）	78.9	79.0	79.1
	净资产收益率（%）	-0.05	-0.63	-1.19

数据来源：根据表6-33、表6-34数据计算而来。

根据表6-33、表6-34、表6-35，可以看出重庆钢铁、安阳钢铁及马鞍山钢铁的情况非常相似：规模较大，资产负债率很高，利润率很低，属于效益差、历史包袱重的企业；与安阳钢铁稍有不同的是，重庆钢铁以更大的资产规模和净资产规模，生产了更少的钢铁产品，所以能源消耗相对较少，需要缴纳的碳税额也较少；相对而言，征收碳税对资产负债率影响同样较小，碳税征收对于利润和净资产收益率影响很大，即使只征收每吨10元的低碳税，也会把重庆钢铁变成一个净亏损的企业，即使征收碳税后能效提高一些，也只是减少一些亏损而已。

上面我们分析了碳税征收的不同方案对于企业的影响，研究发现：除了宝钢效益较好之外，其他企业都处于微利状态，征收碳税会对这些企业的经济效益产生重要的影响，而有些企业本来就处于资产负债率很高的高风险状态，征收碳税对于这些企业不但短期影响大，而且可能最终影响到企业的生存问题。根据上述有关企业规模有效性的研究，只有宝钢在规模效率和技术效率方面都达到较为适宜的状态，受碳税征收的影响较小；马钢、包钢、安钢和重钢都是技术效率和规模效率相对较低的企业，所以效益较差，受碳税征收的影响最大。上述分析说明征收碳税要非常慎重，要征收的话也只能征收较轻的碳税，否则会影响很多企业的生存和发展。而上述企业都是规模较大的上市公司，这些企业对于碳税的承受力尚且如此，换成规模较小、技术较落后的中小型企业，形势恐怕更加严峻。

7　碳税征收与产业组织结构相互配合的对策

前述各章我们已经对能源效率、规模经济、产业组织结构之间的关系，碳税征收的影响等进行了较全面的分析，根据这些分析，我们就可以以钢铁业为例提出碳税征收与产业组织结构调整相互配合的对策。根据其他国家钢铁业产业集中度变化的经验，提出合理的碳税方案，以征收碳税作为促进产业集中度提高的最重要的杠杆，发挥市场在资源配置中的决定性作用，采取各种措施促进产业组织结构的调整，这样就能实现经济增长、产业发展与节能减排的目标。

7.1 美国、日本钢铁业产业集中度及能源效率的变化

钢铁业的发展对于一个国家尤其是大国具有重要的意义，钢铁是所有生产资料工业的基础，是重工业的基础，是经济的基础。没有强大的钢铁工业，生产资料工业难以得到发展。日本经济的崛起，依赖于强大的钢铁工业的带动，韩国经济的发展，也是依赖钢铁产业的发展，并支撑起造船、汽车、机械制造等相关产业的发展。世界各经济强国在工业化阶段，都曾把发展钢铁业作为重要目标，直到工业化完成之后，钢铁行业所处地位才有所下降。

7.1.1 美国、日本钢铁业产业集中度的发展[①]

美国钢铁产业发展过程中经历了两次比较大的并购浪潮，使钢铁产业的集中度得到大幅提升。第一次大规模并购发生在19世纪末20世纪初。1901年，经历了一系列兼并重组而成立的美国钢铁公司（USS），成为世界第一家资产达到亿美元级的企业，该公司拥有177个钢厂、42座矿山、1 000公里铁路、上百个煤矿，占有全美83%的钢管市场、78%的线材市场、66%的钢锭市场和73%的板材市场，还几乎控制了99%以上的矿产资源。此后数十年，美国钢铁公司一直是世界上最大的钢铁企业。

20世纪70年代以后，随着美国钢铁工业陷入衰退，产业集中度也逐渐下降。21世纪以来，美国钢铁工业又掀起了兼并重组浪潮。2002年2月，一家

① 杜立辉，徐熙淼．美、日、韩三国钢铁产业集中度的演变及启示［J］．冶金经济与管理，2010（1）：35－39.

美国金融投资公司收购了美国第四大联合钢铁企业林—坦科—沃特钢铁公司，组建了国际钢铁集团（ISG）；当年10月，ISG收购了阿克梅公司与CSP（紧凑式板带生产）相关的部分资产；2003年5月，又收购了美国第三大联合钢铁企业伯利恒钢铁公司。2005年ISG被米塔尔公司收购。此外，纽柯钢铁公司于2002年收购了伯明翰钢铁公司，美国钢铁公司于2003年从日本长野工业株式会社（NKK）手中收购了国家钢铁公司。伴随着这一轮的并购重组，美国钢铁工业产业集中度大幅攀升，CR4由1999年的37.9%上升到2008年的74.9%，提高了37.0个百分点。

日本钢铁工业在“二战”前产业集中度非常高，1938年成立的国家托拉斯——日本制铁生产了全日本80%的生铁和50%的粗钢。“二战”后，在美国占领军的主导下，日本制铁被拆分为八幡制铁和富士制铁，但日本钢铁工业的集中度仍然很高。1961年日本6大公司（八幡制铁、富士制铁、日本钢管、川崎制铁、神户制钢、住友金属）所产的铁占全日本的86.7%，钢占68.3%，钢材占68.6%。此后，出现了新的合并高潮，1965年神户制钢与尼崎制铁合并，富士制铁与东海制铁合并，八幡制铁与八幡钢管合并；1970年，八幡制铁与富士制铁合并成立新日本制铁（新日铁）。

进入21世纪，为了应对新日铁的竞争压力，2001年5月，日本钢管与川崎制铁合并成立日本钢铁控股工程公司（JFE）。此外，新日铁还积极推进与其他企业的合作关系，在日本国内强化了与住友金属等在高炉方面的合作，与大阪制铁等在普通电炉钢上的合作，与山阳特殊钢等在特殊钢电炉上的合作；在国外推进了与浦项、宝钢等的合作。

经过上述合并，日本钢铁工业产业集中度一直处于上升趋势，从1961年的58.2%上升到2008年的77.6%，增长了19.4个百分点。

7.1.2 美国、日本钢铁业的能源效率变化

日本钢铁业产业集中度的提高，促进了产业能源效率的提高。此外，因为日本是一个能源极度匮乏的国家，日本政府积极推动节能政策，比如制定和修订《节约能源法》，大力推动技术节能和淘汰落后产能。20世纪90年代后，日本提出了新的计划和措施，包括：①推广已有的节能技术，同时开发新技术；②争取在政府和自治体的协作下扩大钢铁厂对废塑料的利用和低温余热供社会利用；③大力开发高强度钢材和低电阻电工钢板等节能钢材；

④加强节能、环保的国际协作和技术转让，为全球减排二氧化碳做贡献；⑤重视厂内废钢再生利用并不断采用新技术；⑥在钢罐壳回收方面加强对居民的宣传教育和对自治体的经济支援；⑦为取得 ISO14000 的认证，不断完善企业环保管理体制（窦彬，2007）。

上述措施的实施使日本吨钢能耗快速下降，以 1973 年为 100，1975 年下降为 98，1980 年为 89，1985 年为 80，1990 年即使产量上升但仍维持在 80（窦彬，2007）。

据《日经产业新闻》1993 年 6 月 2 日报道，日本钢铁工业 1991 年耗能占全国总量的 12%，比起 1973 年石油危机前的 20% 有大幅降低，日本的能源、环保技术在国际上处于领先地位[①]。20 世纪 90 年代中期以后，日本将节能降耗的突破口放在产品及工艺结构的优化和调整上，例如，日本钢铁连铸比由 1996 年的 96.4% 提升到 2005 年的 97.7%；日本从 1996 年到 2005 年，吨钢平均能耗下降了 12.6%，从每吨 823 千克标准煤下降到每吨 719 千克标准煤（窦彬，2008）。

和日本一样，美国也积极推动钢铁行业结构变化和工艺技术改进，采取的主要措施有：淘汰效率低的老旧设备，使用喷煤技术减少焦炭用量，使得大多数钢厂关闭其炼焦炉，转而进口焦炭，以减少能源消耗；对高炉进行技术改进，增加了顶压发电，提高了炉顶气体利用率，利用煤炭燃烧，配合使用预热废铁的电炉熔炼，为电炉提供热铁水；采取热装热送、直接熔炼、薄板带坯连铸连轧等，尽量减少工序转换过程中的能源消耗；尽力收集废气的化学能；在各个加工过程中使用传感器，改进生产效率，扩大了产量，降低了生产成本[②]。

美国在节能减排上也取得了很大成绩：据美国钢铁协会数据，从 1975 年以来的 25 年间，美国钢铁工业的年度能源消耗量下降了 60%，取得这一成绩的主要原因是电炉生产大幅增加和转炉使用了更多的回收废钢，连铸比几乎达到 100%，以及在带卷和中厚板生产过程中实现板坯热装[③]。美国钢铁协会

---

① 编辑部．日钢铁工业节能成绩显著［J］．能源研究与信息，1994（1）：47.

② 世华财讯．世界主要国家钢铁工业节能环保发展战略［EB/OL］．http：//info.cec－ceda.org.cn/yj/pages/20070625_57276_4_3.html.

③ 农业文库．节能减排实现可持续发展［EB/OL］．http：//www.agri35.com/wenku/b965cf69af1ffc4ffe47ac65－p1.html.

（AISD）另一个报告称，自1990年以来，美国钢铁工业吨钢材能耗已下降了约33%，这是工业生产能源效率的一个新的里程碑①。

7.2 从钢铁业的角度出发确定合理的碳税征收方案

征收碳税通过增加能源成本的方式促进能源消费量的下降，这种政策能够通过价格机制和成本—收益机制传导到整个经济体系，必将对经济运行产生较大的影响。我们可以预料，征收碳税对于能源成本提高会产生立竿见影的影响，所以只要征收碳税，必然会对能源消费量产生影响，从而提高节能环保水平。林黎（2011）认为，碳税税率不能太高也不能太低，以顺利完成减排任务作为主要依据；按照中国对世界的承诺，2020年单位GDP二氧化碳排放比2005年下降40%~45%；按照测算，碳税税率定在10元/吨时，二氧化碳的减排量将达到1.09%，减排任务就能完成。征收碳税时要考虑到经济和各产业的承受力，如果为节能环保而搞垮了经济，那就得不偿失了。

已有学者就碳税征收对经济的影响进行了大量研究，但研究结论分歧很大。国外学者巴克等（Barker，1993；Baranzini 等，2000；Liang 等，2007；Lee，2008；Hossa Almutairi，2014）利用各种方法进行了研究，都认为征收碳税对经济的负面影响不大；很多国内学者也认为征收碳税对经济运行的影响较小，包括中国气候变化国别研究组（2000）、贺菊煌等（2002）、姜克隽（2009）、张明文等（2009）、王金南等（2009）、张明喜（2010）、娄峰（2014）、杨翱、刘纪显（2014）、刘宇、肖宏伟等（2015）、潘静、高辉（2010）、刘洁、李文（2011）、林桢（2011）、张会敏、顾六宝（2015）、周丹、赵子健（2015）等认为从短期来看，征收碳税给经济增长带来一定冲击，但从长远来看，它必将对经济社会发展产生积极作用。部分学者认为，征收碳税对经济的负面影响很大，如魏涛远和格罗姆斯洛德（2002）、高鹏飞和陈文颖（2002）、王灿等（2005）、苏明等（2009）、杨超等（2011）、程敏（2015）、王磊（2015）等。

总体而言，上述学者主要从宏观的视角进行研究，也有从地区等中观视角的研究，但缺乏微观视角的研究。但正如我们前面的研究结果所显示的，

① 陆岩．美国钢铁工业能源效率达到新的里程碑［J］．轧钢，2009（3）．

从中观视角（对钢铁产业的影响）和从微观视角（对企业的影响）的研究结论有一定反差，这说明从宏观和中观视角的研究会忽略一些问题，导致不能全景观察碳税征收的影响。

很多机构和学者在权衡经济增长和节能环保的基础上提出了自己的碳税方案。当前学术界对中国碳税税率的设计，大多主张采取从低起征、循序渐进的原则（财政部财政科学研究所课题组，2011）。

王金南等（2009）提出，中国碳税税率方案宜遵循逐步提高、循序渐进的原则，2012 年征收碳税税率为 20 元/吨二氧化碳，2020 年提高到 50 元/吨二氧化碳，2030 年再提高到 100 元/吨二氧化碳。

财政部科研所苏明等（2009）认为，从税率形式上看，需要实行定额税率，采取从量定额形式，按照从低起征，循序渐进的方式，提出中国碳税税率征收方案：建议 2012—2013 年开征碳税，税率水平为 10 元/吨二氧化碳，2020 年达到 40 元/吨二氧化碳。

中国环境与发展国际合作委员会 2009 年 11 月发布的政策研究报告《能源效率和环境保护经济政策》中提出，为了减少开征阻力和减少对经济的影响，建议在碳税开征初期选择低税率起步的做法，即碳税税率采用最高不超过 15 元/吨二氧化碳的水平开征，并可以根据实际需要设计 5 元/吨二氧化碳、10 元/吨二氧化碳和 15 元/吨二氧化碳作为高、中、低三种选择方案。

崔景华（2011）提出，中国在制定碳税税率水平时，为了实现国务院制定的“到 2020 年我国单位国内生产总值二氧化碳排放比 2005 年下降 40% ~45%”的目标，假设从 2012 年开始征收每吨碳 20 元的碳税，2020 年实现减排 45%。那么从 2005—2020 年的 15 年间平均每年的碳排放下降幅度为 3 个百分点，碳税税率应随着减排幅度的增加而适当调整，各年的碳税税率如表 7 – 1 所示。

表 7 – 1　中国二氧化碳减排目标与碳税税率

年份	2005	2010	2012	2014	2016	2018	2020
减排目标（%）	0	15	21	27	33	39	45
碳税税率（元/吨碳）	—	—	20	26	31	37	43
煤炭碳税（元/吨煤）	—	—	11	14	17	20	24
石油碳税（元/吨石油）	—	—	17	22	27	32	36
天然气碳税（元/立方千米）	—	—	12	15	19	22	26

注：各年不同化石燃料的碳税税率是在综合考虑减排目标和减排速度基础上计算得出的。

根据我们第6章就碳税征收对于钢铁业整体和对于钢铁企业影响的研究，即使征收较低的碳税，对于企业也会有较大的影响。这是因为钢铁业产能过剩、竞争激烈，属于微利产业，甚至很多企业出现亏损。考虑到钢铁业是使用能源最多的产业，也是受碳税影响最大的产业，在征收碳税时一定要考虑到钢铁业的实际情况。根据上述研究，从钢铁业的角度，宜征收低碳税，我们认为将碳税税率确定为10元/吨是比较合适的。这样的税率对于钢铁业会有较大的影响，正好促进钢铁业提高能源使用效率，促进产业集中度的提高，积极促进钢铁业的发展和节能环保水平的提高。当然，考虑到钢铁业使用能源最多，盈利情况最差，其他能源密集型产业对于碳税的承受力应该比钢铁业更强，而中国的节能环保形势不容乐观，可以确定更高的碳税税率，比如20元/吨的税率；根据各能源密集型产业的运营状况制定相应的碳税优惠措施，如钢铁业采取优惠措施后应使其实际税率保持在10元/吨的水平。这种方案更加灵活，能够考虑不同产业的特殊情况，确定适宜的碳税负担，坚持税制的原则性与操作方法的灵活性相结合。

征收碳税对企业、产业以及整个经济体系的能源使用效率产生影响，并促使产业内部结构发生变化，这种效应的产生需要较长时间，并且其发展过程和最终结果难以预料，因此征收碳税后，应在对企业、产业及经济运行状况进行观察后再确定碳税方案的调整方案，时间以3~5年为宜。如果碳税征收的环保效应明显，而且企业的适应状况良好，可以考虑在5年后确定新的合适的碳税税率。

7.3 让市场在资源配置中发挥决定性作用

7.3.1 充分认识和发挥市场的作用

征收碳税后，需要价格机制和成本—收益机制发挥作用，碳税这一国家干预经济运行和影响节能环保的政策的目标才能实现。美国、日本包括欧洲国家等在较为完善的市场机制的作用下，钢铁业自然而然走向了产业集中度较高的状态；中国钢铁业过于分散不是市场作用发挥过度的结果，而是国家干预过度的结果。所以，征收碳税和促进钢铁业产业集中度提高相互配合的对策中最重要的配套措施是完善市场体系和市场机制，让市场在资源配置中发挥决定性的作用。

充分发挥市场的作用，并不是一个新的话题，然而直到今天，仍然有反复强调这个命题的必要性，因为并不是所有人都能充分认识市场的作用，经济运行中破坏市场作用的行为比比皆是。因此中共十八届三中全会通过的《中共中央关于全面深化改革若干重大问题的决定》才郑重指出："经济体制改革是全面深化改革的重点，核心问题是处理好政府和市场的关系，使市场在资源配置中起决定性作用和更好发挥政府作用。市场决定资源配置是市场经济的一般规律，健全社会主义市场经济体制必须遵循这条规律，着力解决市场体系不完善、政府干预过多和监管不到位的问题。须积极稳妥地从广度和深度上推进市场化改革，大幅度减少政府对资源的直接配置，推动资源配置依据市场规则、市场价格、市场竞争实现效益最大化和效率最优化。政府的职责和作用主要是保持宏观经济稳定，加强和优化公共服务，保障公平竞争，加强市场监管，维护市场秩序，推动可持续发展，促进共同富裕，弥补市场失灵。"

自从有商品生产和商品交换就有市场存在，而市场的发展又反过来促进商品生产和商品交换。当商品生产和商品交换扩展到全社会范围内，从而以市场为纽带在一国形成广泛的社会分工与经济联系，市场就会在全社会经济中起着调节生产和交换、供给与需求的作用，商品经济也就成了市场经济。在市场经济中，市场调节成为资源配置的基础方式。市场调节是指通过市场机制的作用调控国民经济运行过程，分配资源和协调供求关系，是一种经济运行调控方式和手段。而市场机制是指通过市场价格和供求关系变化及经济主体之间的竞争，调节供给与需求和生产要素的流动与分配，从而实现资源配置的一套有机系统。在市场经济中，市场价格信号的变化反映着产品的稀缺程度。处于竞争之中的经济主体出于自身经济利益的追求和市场竞争的巨大压力，必然会对市场价格的信号做出灵活的、及时的反应，调整自己的产量、规模和结构。其结果，保证了产品的生产量和产品结构适应不断变化的需求量和需求结构；需求量和需求结构变化引起的生产量和产品结构的变化，又会引致生产要素组合从而资源利用方式发生变化。这样，最终使有限的资源运用到最为需要的地方，并以最合理、最节约的方式生产出产品。

虽然现在鼓吹经济体制回归到计划经济体制的人很少了，但对市场经济体制不信任的大有人在。市场配置资源有两种基本方式：计划和市场，它们的组合派生出很多具体的经济体制形式。基本的体制是计划经济体制和市场经济体制。在资源配置中两者发挥各自功能，但最起码在目前及以后相当长的时间，需要一种方式发挥更加重要的"决定性作用"的话，能发挥这种作用的无疑是市场。

著名学者哈耶克为我们留下了评判资源配置方式的基本框架：

第一，资源配置的动力机制：实现不同经济主体的利益，形成资源配置的动力机制，参见表7－2。

表7－2　市场和计划两种资源配置方式的动力机制比较

	市场	计划
利益主体	个人利益	集体利益（集体里的个人利益）
主体利益的纯粹性	单个利益主体	集体里的个人有自己的利益，产生利益冲突
利益实现的方式	来自市场	个人利益来自职位
激励方式	市场的优胜劣汰，经济利益	来自职权、上级领导或其他部门的激励，经济利益、晋升等
信息传递	来自市场	依赖纵向信息传递的有效性

第二，资源配置的信息机制：信息的收集、传递、分析和利用是通过一定的渠道和机制实现的，参见表7－3。

表7－3　市场和计划两种资源配置方式的信息机制比较

	市场	计划
信息传递的媒介	市场	层级组织
信息传递的方向	横向传递	纵向传递
信息传递的速度	快	慢
信息传递的真实性	不容易扭曲，但来源多，可能真假难辨，羊群效应	容易扭曲、丢失，信息源少，比较权威
对信息的利用	决策主体利用能力弱	决策主体利用信息的能力强

第三，资源配置的决策机制：集中的权力体系和分散的权力体系，形成不同的资源配置决策机制，参见表7－4。

表 7-4 市场和计划两种资源配置方式的决策机制比较

	市场	计划
决策主体	分散的个人	计划主体（如中央政府、企业领导人）
决策犯错误的可能性	小（群众的眼睛是雪亮的）	容易失误（中苏的例子）
决策错误的后果	范围小（一般不会都错）后果小（谁犯错谁倒霉）也不排除大家都头脑发热，经济出现严重问题	国民经济的严重挫折
对决策主体的要求	一般的个人（追求自身利益最大化的各色人等），无特殊要求	万能的政府（具有能做正确决策的机制、运作好、不内耗、不腐败）
出现机会主义的可能性	大量机会主义行为	机会主义行为少，但很难避免政府里行使权力的人的机会主义行为

经过上述分析，我们可以得出结论，在当前以及以后相当长的时间里，只有市场才能在资源配置中发挥决定性的作用，不信任市场的作用，不能充分发挥市场的作用，只能让我们的事业受到损失。

7.3.2 市场调节机制发挥作用的条件

市场在资源配置中起决定性的作用，离不开完备的市场体系和市场规则。

市场体系可粗略地分为一般商品市场和生产要素市场。一般商品市场又可分为消费品市场和生产资料市场。生产要素市场可以分为金融市场、劳动力市场、技术信息市场和房地产市场。消费品市场是整个市场体系的核心，是经济运行状况的指示器和晴雨表。其他各类市场必须根据消费品市场的信息变化做出调整，其前提是有相对比较完善的生产要素市场。

发挥市场机制的作用，必须建立统一、开放、竞争、有序的市场体系。市场体系必须具有统一性和开放性，这是市场体系的本质要求。统一性要求各类市场在国内区域间、城乡间是一个整体，不应存在行政分割和封锁；开放性是指市场不仅对国内而且对国外开放，把国内市场和国际市场联系起来，经济主体尽可能地参与国内竞争和国际竞争，以达到充分利用国内和国际两个市场、两种资源的目的。另外，市场要发挥作用，需要让竞争机制充分发挥作用，这就需要切实加强市场制度法规的建设，调整各方面的利益关系，打破地区、部门对市场的分割和封锁，遏制各类市场主体种种不规范、不正当的市场行为，以形成一种正常的市场秩序。

7.4 与碳税征收相配合的产业组织结构调整的对策

一方面碳税征收对于不同企业会产生不同的影响，因此将对产业组织结构产生较大影响，碳税征收可以成为产业组织结构调整的重要杠杆；另一方面，规模不等的企业对于碳税的承受力也不同，如果我们能够主动对产业组织结构进行调整，将提高产业及整个经济体系对于碳税征收的承受力。制定碳税征收和产业组织结构调整相互配合的政策，对于同时实现经济增长和节能环保的目标具有重要的意义。本章第二节我们从钢铁业的角度探讨了产业能够承受的碳税征收方案；因为碳税本身即是促进产业组织结构调整的重要杠杆，因此本节将进一步探讨促进产业组织结构调整的政策，以与碳税征收的政策配合使用。

7.4.1 政府调控的必要性

在产业组织结构优化上，市场调控应发挥决定性的作用，但由于市场本身的缺陷，我们不能忽略政府调控的作用。即使在发达国家存在相对完善的市场体制，仍然需要政府调控来弥补市场的缺陷。产业组织结构是传统上需要国家干预的领域，国家需要制定反垄断与反不正当竞争的各种政策，以保证市场发挥资源配置的基础作用。中国处于由计划经济向市场经济转型的过程中，不仅需要政府推进完善市场的改革措施，也需要用政府调控弥补市场的不足。

政府调控是指通过政府的干预而发挥调控作用的资源配置机制，即行政配置资源方式。与市场配置资源方式相比较，行政配置资源方式的运行主体是政府，而不是企业，政府是信息收集主体和经济决策者。

要实现产业组织结构的合理化，政府需要利用计划和规划手段、经济手段、法律手段辅之以行政手段等不同的方式与市场调节方式相配合。计划手段是指国家依据和运用经济规律，在发挥市场机制作用的基础上，主要运用指导性计划（不排除特定情况下的指令性计划），对产业组织结构进行指导、协调、控制和监督的手段。计划手段运用不但可以表现在国家、地方的国民经济发展计划中的有关产业组织结构调整的内容中，也可以表现在国家和地方的调整产业组织结构的文件、政策当中。经济手段是国家或经济组织运用经济杠杆，调整不同经济主体之间的物质利益关系，从而使产业内竞争和合作达到合理的状态。经济杠杆主要包括价格、税收、信贷、利息、工资、汇率等，这些杠杆是国家能够掌握的对于调整产业组织结构的非常重要而有用的工具。法律手段是指通过各种法律、法规、条例等引导产业内形成合理的组织结构。市场经济是法治经济，国家在运用计划和规划手段、经济手段以及行政手段干预经济、调整产业组织结构时，应该有法律法规予以规范，以形成国家运用调节手段的制度化，避免随意性，也有利于各经济主体形成合理预期，降低交易费用，提高效益。政府调控的手段还包括行政手段，它是指政府凭借国家机关的权威，通过发布命令、指示、决定、政策等来直接管理和干预社会经济活动，由于行政手段以国家政权作为后盾，以下级服从上级为前提，对经济活动进行强制性、约束性的直接指挥和干预，具有作用迅速、彻底的特点，因此，对于调整产业组织结构来说也是不可缺少的。

政府可综合运用不同的政策来对经济运行及结构优化进行调节，包括金融政策、财政政策、产业政策、收入政策等。虽然属于总量政策，但金融政策（如其中的信贷政策等）对于引导形成合理的产业组织结构能发挥巨大的作用。作为结构性的政策，财政政策对于产业组织结构调整也能够发挥重要作用。而产业政策则是关于产业组织结构调整的有针对性的政策，通过不同企业的支持政策和抑制政策，促进产业组织结构的优化。其他政策对于产业组织结构优化也能发挥各自的作用。

为了使政府调控方式能充分发挥作用，中国必须发展完善上述政府调控的手段、政策，并进一步完善作为政府调控方式发挥作用的基础即市场体系和市场机制，这就需要在政府的主导下进一步推进各方面改革的进行。

7.4.2 中国产业组织结构存在的问题及调整方向

一个国家的产业组织结构是在市场和政府双重调节机制作用下形成的。在产业结构问题上，中国20世纪80年代及之前理论界和实践界主要关注产业部门之间的结构问题，进入90年代之后，产业组织结构问题引起越来越多的重视。长期以来，中国在产业组织结构方面存在的“大而全”“小而全”问题已经严重影响了经济增长方式的转变和国民经济整体水平的提高；它不仅造成了规模经济的损失、企业技术开发能力的降低及竞争活力的缺乏，而且导致了资源配置效率的低下和中国产业国际市场竞争能力的削弱（杨魁、董雅丽，2000）。要制定合理的有效的产业组织政策，首先需要客观分析中国产业组织结构存在的问题。

（1）一些行业产业集中度过高与另一些行业产业集中度过低的情况并存。应该说中国近些年企业的发展取得了很大的成绩，根据《财富》杂志于2016年7月发布的2016年度最新的世界500强排行榜的榜单，中国上榜公司数量继续增长，达到了110家，前5位中有3家中国公司，中国国家电网排名跃升至第2位，中石油和中石化紧随其后，分列第3位和第4位（见表7－5）①。

表7－5　2016年《财富》杂志世界五百强排名前五位的企业

单位：百万美元

排名	公司名称（中英文）	营业收入	利润	国家
1	沃尔玛（WAL－MART STORES）	482 130.0	14 694.0	美国
2	国家电网公司（STATE GRID）	329 601.3	10 201.4	中国
3	中国石油天然气集团公司（CHINA NATIONAL PETROLEUM）	299 270.6	7 090.6	中国
4	中国石油化工集团公司（SINOPEC GROUP）	294 344.4	3 594.8	中国
5	荷兰皇家壳牌石油公司（ROYAL DUTCH SHELL）	272 156.0	1 939.0	荷兰

中国在很多行业仍然存在产业集中度过低的现象。从产业集中的角度来分析，美国很多制造业在20世纪80年代就达到了很高的行业集中水平。1982年美国汽车工业的集中度（CR4）达到97%，玻璃行业（CR4）达到78%，水泥行业达到31%，美国上述行业在20世纪80到90年代又经历了两次兼并浪潮，集中度在1982年的水平上进一步提高。而直到1995年，中国汽车、玻璃和水泥行业的集中度（CR4）分别只有26.57%、8.52%和2.33%，大大低于美国相应行业的集中度水平（张绮萍，2011）。国家统计局数据显示，2014年全年，中国粗钢产量8.23亿吨，同比增长0.9%；根据中国钢铁工业协会数据显示，前十家钢企粗钢产量为3亿吨，同比降低1.99%，

① 财富中文网.2016年财富世界500强排行榜［EB/OL］.http：//www.fortunechina.com/fortune500/c/2016－07/20/content_266955.htm.

占全国总产量的36.58%；中国现有钢铁冶炼企业近1 000家；近几年，国内部分地区的钢铁企业意图通过兼并重组，促进产业集中和结构优化，然而，国内的钢铁产业集中度不增反降，集中度偏低的问题仍没有解决①。对于中国钢铁业而言，最大的问题不在于CR4或CR10过低，而是中小钢铁企业数量太多。根据英国行业研究机构《金属通报》（Metal Bulletin）2016年6月最新公布的2015年全球钢铁企业粗钢产量排名，中国共有66家企业入围排行榜，虽然较上年的68家减少了两家，但仍占全球入围企业的近半壁江山，这与中国粗钢产量在全球所占比重基本相当；在全球排名前十位的钢铁企业中，中国独占6席，前20位则占据一半，仍维持在10家②。因为中国钢铁产量太大，用传统的CR4或CR10来评价中国的产业集中度的适宜度是不合适的，中国排名靠前的钢铁企业的规模并不小，这些企业强行扩大规模可能出现规模不经济的问题。对于中国钢铁业，最重要的恐怕是如何减少中小企业的数量，使每个企业都具有较大的生产规模。

在中国产业组织结构的问题中，学者更加关注中国很多行业产业集中度偏低的问题，但在另一些行业，中国也存在垄断程度过高的问题，以致资源利用效率过低，中国的石油和天然气开采业及石油加工、铁路运输业、邮政业等行业都存在这样的问题。

（2）行政垄断问题还没有根本解决。铁路运输、邮政等行业，国家行政的色彩还相当浓厚，国家在出资、运营、监管等方面参与太多。近年来，由于条块分割，地方政府管理经济的权力有加大的趋势，使得行政垄断问题更加严重，一些地方政府地方保护主义观念浓厚，为了本地区的利益，用行政手段阻止外地商品的进入，禁止本地生产要素流出，强制本地商业部门、消费者优先收购、销售本地产品。行政垄断扭曲了市场配置资源的作用，破坏了市场固有的激励约束机制，降低了生产和流通的效率，不利于整体经济的发展，最终也会损害企业和地区的利益。

（3）产业内企业间未能形成合理的分工和协作关系。在任何一个产业，都不可能只有单个企业或少数几个寡头完全垄断整个产业生产的状况，即使

① 中国报告大厅.2015年我国钢铁行业发展现状及方向分析［EB/OL］.http：//www.chinabgao.com/freereport/68572.html.

② 生意社.2015年全球钢企粗钢产量排名出炉［EB/OL］.http：//finance.sina.com.cn/roll/2016－06－22/doc－ifxtfmrp2538467.shtml.

对于垄断程度很高的某些行业，也应该是少数几个大企业垄断生产的大部分，而有很多企业瓜分其中的很多小的细分市场；此外，产业内还有很多中小企业为大企业生产各种零部件，在大企业与中小企业之间形成协作共生关系，大企业和中小企业都得到发展。而在中国，大企业和中小企业之间生产的产品同质性比较强，这使得竞争非常激烈，甚至陷入无序竞争状态，钢铁业在这方面的问题尤其严重。

总体上看，中国企业之间的协作关系相对比较松散，产业的专业化水平低，企业间的协作水平低。如机械工业，中国机电工业零部件外购品价值占工业总值的比重仅为45%，占主要产品价值的比重为52%。一般通用零部件专业水平只有15%～30%，而工业发达国家达到85%～95%。铸造、锻造、热处理和电镀专业化程度只有15%～40%，而美国、日本、西欧等国大都在70%～90%（苏相锟、张冀男，1998）。

借鉴发达国家的经验，针对上述我们对于中国产业组织结构问题的分析，中国产业组织演进的目标状态应该是“寡头主导，大、中、小企业协作共生”。世界发达国家产业组织的演进规律表明，主导一个国家国民经济和决定一个国家国际竞争力的是大企业，全球500家大工业公司的销售额就占世界总产值的20%以上，其中在全球500家中的日本、美国、英国、德国、法国的大公司销售额分别占本国国民生产总值的25%～32%。世界贸易总量的一半是在3 000多家大公司之间进行，20家跨国电脑公司几乎控制了整个世界的计算机市场，十大跨国化学公司、十大跨国半导体公司、20家跨国汽车公司主导着各自产业90%以上的国际市场（孙天琦，1999）。

另外，由于人们消费需求的多样化，信息技术的飞速发展以及社会生产网络体系的完善，人们多种多样的消费需求的很多部分正由社会上众多的小企业来完成，大企业所需的各种零部件也不再自己组织生产，而是由小企业来保证供应，这样，所谓柔性分散化的生产方式在社会中占有重要的地位，富有活力的小企业在生产生活中仍占有重要的地位。据美国小企业管理局统计：1997年，美国净增的就业机会全部由小企业创造，小企业新增员工数超过小企业和大企业净减人数的总和；小企业创造了51%的私营企业总产值；1996年美国中小企业出口额达1 800亿美元，占美国出口总额的30%；美国中小企业对海外投资的增长速度是大企业的22倍（孙天琦，1999）。

7.4.3 产业组织结构调整的政策措施

7.4.3.1 促进大企业、企业集团的发展

提高产业集中度，最重要的是造就一批在各行业中规模巨大、技术先进、经济效益好的大企业。在中国，国有企业在一些重要领域如钢铁业中发挥着重要的作用，因此，促进大企业的发展首先要推进国有企业改革，使国有企业成为对市场反应灵敏、具有活力的微观基础。需要做到：第一，完善国有资产管理体制，国家作为资本所有者而非行政管理者参与企业的运营，明确国有资产国家最终所有、各级政府分级监管，建立科学的国有资产管理、运营体系，创建国有资产投资公司、推进国有资产授权经营，财政预算方面探索建立独立的国有资产经营预算体系。第二，真正实现政企分开，国家对于国有企业所拥有的权力来源于国家作为资本所有者，而非行政管理者；国家资产管理部门通过派出董事、行使股东投票权等方式来行使权力，不能混淆国家作为投资者和作为行政管理者的身份；取消国有企业的行政级别，杜绝政府部门直接任命企业领导人的做法；对于企业领导人的激励和约束通过市场的方式来进行。第三，建立完善的内部治理结构，形成以股东代表大会、董事会、监事会、经理层之间分权又相互制衡的运行体系。第四，建立完善的企业家市场和经理人市场，应由企业通过治理结构来遴选和激励企业领导人，排斥行政激励的方式；对企业家的激励采取市场方式，通过年薪制、期权等方式大幅提高企业家和经理层的收入，建立企业领导人收入与经营绩效挂钩的制度。第五，建立完善的信息披露制度，让全社会形成对于国有企业运行的社会化的监控体系，以对企业领导人形成有效的约束制度。

对于大企业的支持应采取与市场相兼容的支持手段，避免国家通过立项的方式建立新的国有企业，形成新的过剩。国家作为社会经济运行的管理者，缺乏有效的激励和约束机制来保证对于市场供求、产业状况、国内外环境等进行有效和准确的评估，只有在市场上为了生存和发展的企业才能准确把握商机，提供社会需要的产品和服务。国家可以通过财政政策，尤其是可以通过金融政策来为企业的发展、并购等提供支持，以使企业更容易实现自己的目标。在这种情况下，既保证了资金流向的合理性，又保证了国家对于大企业的支持，实现国家的产业政策目标。

7.4.3.2 支持中小企业的发展

中小企业在促进就业、满足人们产品和服务需要等方面起到了重要的作

用，政府应该积极支持中小企业的发展，提供包括资金、税收、服务等各方面的支持。

（1）资金支持。①建立为中小企业贷款提供信用担保的基金或机构，为中小企业筹融资提供支持。担保可以由政府的政策性银行担保，可以由中小企业发展基金进行担保，也可以由中小企业组建联合担保机构进行担保。②可以考虑建立专门为中小企业提供融资服务的政策性银行或非银行金融机构，根据不同情况，给予中小企业利率优惠、贷款期限优惠和宽限期优惠等。③建立鼓励中小企业进行技术创新的基金，支持中小企业与高校、科研院所进行技术合作，鼓励高校、科研机构将技术转让给中小企业。④帮助建立中小企业金融互助基金。

（2）政策支持。①制定支持中小企业发展的相关法律；②建立专门的中小企业管理机构，对中小企业进行统一管理；③对中小企业进行税收优惠，在一定年限内给予新开办小企业以税收减免，尤其是那些成长性好、业绩优良的高科技中小企业；④消除对中小企业的政策歧视，如市场准入方面的歧视；⑤增加政府采购中小企业的比重，为其竞标提供指导服务；⑥增加向中小企业投资项目的财政援助，如企业的厂房及其他基础设施建设；⑦加快给中小企业的出口退税，或给予中小企业一定的出口补贴；⑧采取金融和税收措施，实行特别折旧制度和特别减税等促进中小企业的设备现代化。

（3）引导、鼓励建立为中小企业服务的社会中介机构。①建立为中小企业培训员工的机构和人才中介机构；②建立科技、技术服务体系，为中小企业的高新技术及中等实用技术开发的引进、消化、吸收、创新提供信息、资金等各方面的服务指导，为中小企业申请专利、注册商标等提供服务；③建立中小企业信息获取和交流的服务体系，为中小企业提供国家政策、新产品、新技术、国内外市场需求和经营管理的信息。

支持中小企业的发展，绝对不是支持落后企业的发展，对于跟大企业产品同质性强、直接与大企业竞争的中小企业，政府应该让市场来发挥调节作用，让市场来决定其生死。国家应该积极支持的是能满足细分市场需要、与大企业形成协作关系、效益良好的中小企业的发展。对于钢铁业这样微利的行业，碳税征收能够成为促进产业集中、淘汰落后企业的有力杠杆，重要的是国家和地方政府避免再进行行政干预，以所谓稳定等借口救助企业，一旦出现这种情况，征收碳税及其他促进产业集中的政策将失去效力。

7.4.3.3 支持鼓励企业之间的兼并重组

兼并重组对于盘活资产、提高资源的使用效率具有重要意义，中国也出台了一些兼并重组的措施。但总体而言效果有限，原因是多方面的，一方面是很多企业兼并重组并不是为了提高规模效益，如为了提高规格、扩大知名度，成为500强之类的；有的重组是为了解困、脱贫；有的则纯属行政领导拉郎配；这种非经济意义上的兼并重组不可能有很好的效果，甚至会使得经营绩效比原来更差；另外，也可能是措施并未落到实处，企业由于条件的限制想兼并而不可得。

日本在20世纪60年代实行的合并改组政策对我们具有一定启示意义。日本产业政策当局，十分重视企业的合并、改组在追求规模利益和增强国际竞争能力方面的作用，日本政府的合并、改组政策可分为4种类型：第一种类型是作为贸易自由化对策而倡导的汽车工业的改组政策。1961年通产省提出了汽车工业“集团化设想”，主张将汽车工业集约化为批量生产车、特殊车、轻型车三个集团。当时日本的汽车公司规模虽小，收益却很高。故企业得知集团设想后，都争先恐后自建小型轿车工厂。结果，通产省提出通过投入财政资金促进汽车工业改组，限制新设企业和新车种，实现少数企业、少数车种和批量生产的产业组织设想，以失败而告终。第二种类型是1964年以后银行业的合并。“二战”后大藏省的方针是不许银行合并，但随着非金融部门合并改组的进展，日本也开始倡导以金融市场效率化的金融结构现代化为目标的“金融效率化行政”，并且进行了第一劝业银行和太阳神户银行等垄断性的都市银行的合并。第三种类型是1964年海运业的集约化。政策手段是海运业如能满足政府提出的条件，即通过合并而形成以核心企业为中心的集团，即将政府的银行贷款分别给予利息补贴。最终，政府海运业集约化的政策意图得以实现，改组成6大集团。第四种类型是1967年规定石油化学工业新设乙烯设备以30万吨为基准一类政策措施。由于通产省拥有乙烯设备建设许可权，提出这个大胆的目标，曾预计弱小企业会因此撤退，从而实现企业改组。然而，后起企业并未撤退，反而更多人申请新建30万吨设备，造成与政府设想相反的结果。日本的合并改组政策有成有败，但总体而言，合并与改组取得了较大的成绩，特别是出现了一系列影响很大的大型改组，日本在世界大企业上有一定地位的大型企业增加了不少①。

一些地方政府为了推动兼并重组，出台了较为有力的措施。为了引导危困企业依法司法重整，化解企业“两链”风险、降低银行不良资产、推动企业兼并重组和转型升级，泉州市下发《关于推进企业兼并重组的十条措施》。

（1）鼓励龙头企业主动兼并重组：将技术改造等优先列入政府年度重点项目计划；鼓励产业龙头企业、上市公司、优质企业强强联合，实施跨所有制的关联性战略性重组；兼并重组后企业实施的技术改造、技术创新、“两化”融合等符合产业政策的项目，可优先列入政府年度重点项目计划，享受相关领域的扶持政策。

（2）加大财政奖励力度，包括：财政奖励，探索建立并购贷款风险补偿机制；引导向上申报专项补助。

（3）落实税费优惠政策：①企业重组符合规定条件的，交易各方对其股权支付部分，可以进行特殊性税务处理；②企业债务重组确认的应纳税所得额占该企业当年应纳税所得额50%以上的，可以在5个纳税年度的期间内，均匀计入各年度的应纳税所得额；③股权收购、资产收购、企业合并、企业分立符合规定条件的，分别进行相应的特殊性税务处理；④在企业吸收合并或存续分立中，合并或分立后的存续企业性质及适用税收优惠的条件未发生改变的，可以继续享受合并前或分立前该企业剩余期限的税收优惠；⑤企业改制重组符合规定条件的，可享受相应的增值税、契税、印花税、土地增值税、营业税等减免税优惠政策；⑥对兼并重组企业涉及的房地产过户，主管行政机关给予免收交易手续费。

（4）允许企业大宗土地分割出让：①允许投资未达25%的土地由政府收购或法院拍卖。②对兼并重组后企业退出的土地，市县两级土地储备中心按收储相关规定进行收储。对重点龙头企业兼并重组，符合“退二进三”政策的以“一事一议”形式研究增加补助企业的额度。允许企业大宗土地分割出让，允许投资未达25%的土地由政府收购或法院拍卖。

（5）发挥中介机构的作用，鼓励设立企业兼并重组公共服务平台。

（6）改善金融服务，设立规模3 000万元的小微企业发债增信资金池。金融服务方面：①支持行业龙头企业和上市公司实施兼并重组。鼓励符合条件

① 孔凡静．日本的产业组织政策［J］．日本研究，1987（3）：1－6.

的兼并重组企业通过上市、场外市场挂牌、资产证券化等方式开展直接融资，支持兼并重组企业债转股。②对上市公司通过增发、配股或发行优先股、可转换债券等方式再融资，用于企业兼并重组的给予奖励100万元。③支持符合条件的兼并重组企业开展直接债务融资。

（7）加快依法破产处置，设立企业兼并重组和破产处置专项资金。

（8）妥善安置职工，市政府将实施积极就业政策，落实职业培训、创业培训、促进自主创业等优惠政策，为兼并重组的再就业人员提供包括政策咨询、职业介绍和职业指导在内的一系列就业服务。

（9）严查严打恶意逃废债，坚持追逃和追赃并重。

（10）完善协同推进机制，强化政府服务功能，加强向企业宣传解读和贯彻落实省、市关于推动企业兼并重组和破产处置的工作方案和政策措施，及时发现问题、解决问题①。

对于钢铁业，通过兼并重组淘汰落后产能是比较可行的措施，单纯让中小企业破产等不足以解决钢铁业产能过大的问题，只有综合采取兼并重组、破产的各方面措施，才能实现淘汰落后产能的目标。

7.4.3.4 借鉴日本经验，建立以大企业为核心的下承包制度②

前述的扶持中小企业并不是要支持中小企业生产产品与大企业竞争，而是要支持中小企业与大企业形成分工合作的关系，对于大企业无法占领的细分市场，由中小企业来提供产品和服务；大中小企业之间形成协作关系，分别位于产业链的上下游。

日本产业组织中的企业下承包制度，在日本经济发展过程中起到了重要作用。到20世纪80年代初，在制造业的中小企业中，下承包企业所占比例高达65.5%，在一系列重要行业中占的比例则分别达70%或80%以上。

下承包制体现的是以母企业为“塔尖”，下承包企业为“塔身”的垂直分工关系：一方面，在一级下承包企业下面，普遍地存在着二级、三级下承包企业，四级下承包也不少见，甚至那些只有简单生产工具的家庭独立劳动者也被吸收进下承包系列，挂靠在三级或四级下承包企业之下；另一方面，专门为一个母企业生产零部件的下承包企业减少，多数是同时为若干母企业

---

① 泉州晚报．我市出台十条措施 推进企业兼并重组［EB/OL］．http：//news.hexun.com/2016-02-23/182383628.html.

② 本部分资料来源：夏小林．日本产业组织构造：企业下承包制［J］．改革，1988（1）：183-186.

生产零部件，进行“多角下承包”。在这种塔形结构内部存在着双重关系，即交易关系与组织关系。交易关系或者由合同，或者以电话通知、当面交谈等形式确立，规定产品质量、交货时间和价格，这种交易关系中母企业占有主导和优势地位。组织关系方面，母企业对下承包企业采取人事参与、技术指导、稳定交易关系等非价格行为。

这种下承包制对于参与的企业乃至整个社会经济运行都具有重要的意义：

（1）在社会资金不足的条件下，整合、协同了产业组织内部关系，使中小企业成为产业结构高度化过程中的重要力量。不但使大企业在资金不足的条件下顺利地承担了产业结构变动中主力军的角色，而且以其内含的交易、组织关系使大企业牵引、提携中小企业进入了高层次的生产空间，使中小企业的生产经营方向与产业结构变动方向保持了较高的相关度。避免了大量中小企业难以与产业结构现代化挂钩而发生的破产失业、严重的两极分化、宏观控制困难等问题。

（2）形成了社会上不同规模企业间独特的技术传递链。在市场交易的基础上，下承包制中的组织行为使大企业主动把质量管理、新产品生产方法、生产工程设计、设备改良、新技术情报、新产品开发技术等传递到下承包的中小企业手中；而下承包企业用自己特有技术为母企业生产零部件时，也等于把自己的技术并入母企业的生产系列之内。这对于现代化过程中的技术进步和先进技术在不同规模企业间迅速社会化，及提高中小企业在现代化中的地位和作用，是非常重要的。

（3）塑造了适应“二重结构”的分层竞争结构。一方面，下承包制所体现的垂直分工大体上界定了大企业与中小企业不同层次的竞争空间，避免了全面的过度竞争；另一方面，由于大企业按最终产品的竞争价格所要求的成本与下承包企业制定承包单价，就在避免越界竞争的同时又把高层次竞争的压力适度地传递到了中小企业身上，促使其按高标准努力提高劳动生产率和专业技术水平等。

就中国而言，我们应该深入研究日本的这种下承包制度，了解其特点和精髓。就政府而言，应该以比兼并重组更大的力度推动这种制度的建立。兼并重组会扩大企业的规模，但也会产生裁员、增加企业组织费用等种种问题，下承包制度则能避免这些问题。当然，对于一个国家而言，兼并重组和下承包制度措施各有作用，对于形成合理的产业组织结构都具有重要的意义。

主要参考文献

[1] [美] 安德鲁·亚伯，本·伯南克. 宏观经济学（第5版）[M]. 北京：中国人民大学出版社，2007.

[2] 邢丽，施文泼. 基于国际协调视角的我国碳税制度构建 [J]. 税务研究，2011（1）：43-46.

[3] 苏明. 我国开征碳税的可行性分析 [J]. 中国财政，2009（19）：52-53.

[4] 蔡红延. 现代产业组织理论述评 [J]. 经济学动态，1994（11）：54-55.

[5] 蔡圣华，牟敦国，方梦祥. 二氧化碳强度减排目标下我国产业结构优化的驱动力研究 [J]. 中国管理科学，2011（4）：167-173.

[6] 曹裕，王子彦. 碳交易与碳税机制比较研究 [J]. 财经理论与实践，2015（5）：97-102.

[7] 陈传刚. 企业并购动因理论综述 [J]. 北方经济，2007（8）：62-63.

[8] 陈凌. 闲话产业集中度 [J]. 中国钢铁业，2005（6）：25-27.

[9] 陈明生，邵雪松. 碳税征收对我国能源密集型产业的影响研究——以钢铁业为例 [J]. 学习与实践，2013（1）：26-31.

[10] 陈翔勇. 天铁能耗状况分析 [J]. 天津冶金，2010（3）：74-78.

[11] 陈晓毅. 能源价格、产业结构、技术进步与能源效率关系研究 [J]. 统计与决策，2015（1）：120-122.

[12] 程敏. 美国征收碳关税的应对政策——碳税与碳关税经济效应比较研究 [J]. 技术经济与管理研究，2015（10）：90-94

[13] 楚序平. 中国钢铁产业规模经济研究 [D]. 南开大学博士毕业论文，2009.

[14] 崔景华. 我国碳税制度要素设计研究 [J]. 财经理论与实践，2011（1）：69-72.

[15] 戴悦，丁怡清. 碳税在中国发展之探讨 [J]. 经济研究导刊，2015

(6)：87-88.

[16] 刁心柯，唐安宝. 能源价格变动对能源效率影响研究 [J]. 中国矿业，2012 (6)：37-41.

[17] 窦彬. 日韩钢铁行业节能政策及启示 [J]. 当代经济，2007 (8)：80-82.

[18] 窦彬. 中日韩钢铁工业能源强度的比较研究 [J]. 中国人口·资源与环境，2008 (3)：130-134.

[19] 杜立辉，徐熙淼. 美、日、韩三国钢铁产业集中度的演变及启示 [J]. 冶金经济与管理，2010 (1)：35-39.

[20] 段茂盛，张芃. 碳税政策的双重政策属性及其影响：以北欧国家为例 [J]. 中国人口·资源与环境，2015 (10)：23-29.

[21] 高良谋，李宇. 企业规模与技术创新倒U关系的形成机制与动态拓展 [J]. 管理世界，2009 (8)：113-123.

[22] 高鹏飞，陈文颖. 碳税与碳排放 [J]. 清华大学学报（自然科学版），2002 (10)：1335-1338.

[23] 葛察忠，王金南，高树婷. 环境税收与公共财政 [M]. 北京：中国环境科学出版社，2006.

[24] 工业和信息化部. 关于钢铁工业节能减排的指导意见 [Z]. 2010-05-06.

[25] 管治华. 碳税征收对经济增长与产业结构影响的实证分析 [J]. 经济问题，2012 (5)：42-45.

[26] 郭佩霞，高凤勤. 试析环境税"双盈"效应论在中国的适用性 [J]. 天府新论，2005 (4)：66-68.

[27] 国务院办公厅. 钢铁产业调整和振兴规划 [Z]. 2009-03-20.

[28] 韩颖，李廉水，孙宁. 中国钢铁工业二氧化碳排放研究 [J]. 南京信息工程大学学报（自然科学版），2011 (1)：53-57.

[29] 郝海，顾培亮，尹春华. 技术进步与能源消费的相互作用 [J]. 东南大学学报（哲学社会科学版），2002 (4)：34-36.

[30] 郝清民，孙利红. 我国钢铁企业规模经济有效性分析 [J]. 天津冶金，2002 (6)：3-5.

[31] 郝清民，张兆江. 钢铁企业规模经济有效性研究 [J]. 钢铁研究，

2003 (3): 1 - 3.

[32] 何建武，李善同．二氧化碳减排与区域经济发展 [J]．管理评论，2010 (6): 9 - 16.

[33] 贺菊煌，沈可挺，徐嵩龄．碳税与二氧化碳减排的 CGE 模型 [J]．数量经济技术经济研究，2002 (10): 39 - 47.

[34] 侯贤明，穆瑞田．产业组织理论中的进入壁垒理论 [J]．河北理工大学学报（社会科学版），2007 (2): 53 - 55.

[35] 胡春力．实现低碳发展的根本途径是产业结构升级 [J]．开放导报，2011 (4): 23 - 26.

[36] 胡剑锋，颜扬．碳税政策效应理论研究评述 [J]．经济理论与经济管理，2011 (2): 41 - 49.

[37] 惠宁，霍丽．试论人力资本理论的形成及其发展 [J]．江西社会科学，2008 (3): 74 - 80.

[38] 计军平．基于投入产出模型的中国碳排放增长驱动因素研究 [D]．北京大学博士毕业论文，2012.

[39] 姜克隽．征收碳税对 GDP 影响不大 [J]．中国投资，2009 (9): 20 - 23.

[40] 姜磊，季民河．技术进步、产业结构、能源消费结构与中国能源效率——基于岭回归的分析 [J]．当代经济管理，2011 (5): 13 - 16.

[41] 焦国华，江飞涛，陈舸．中国钢铁企业的相对效率与规模效率 [J]．中国工业经济，2007 (10): 37 - 44.

[42] 柯艺高．税负转嫁定量分析及应用．经济问题探索，2003 (5): 124 - 128.

[43] 孔凡静．日本的产业组织政策 [J]．日本研究，1987 (3): 1 - 6.

[44] 雷红丽．钢铁企业能源成本管控思考 [J]．冶金财会，2009 (6): 17 - 18.

[45] 李健，周慧．中国碳排放强度与产业结构的关联分析 [J]．中国人口·资源与环境，2012 (1): 7 - 14.

[46] 李廉水，周勇．技术进步能提高能源效率吗？——基于中国工业部门的实证检验 [J]．管理世界，2006 (10): 82 - 89.

[47] 李平，于雷．我国制造业产业进入壁垒分析 [J]．经济与管理研

究，2007（11）：43－48.

［48］李伟，张希良，周剑，何建坤．关于碳税问题的研究［J］．税务研究，2008（3）：20－22.

［49］李艳．关于我国开征碳税的思考与建议［J］．新乡学院学报（社会科学版），2013（1）：28－29.

［50］李拥军，高学东，杜立辉．对中国钢铁产业进退出壁垒的分析［J］．中国钢铁业，2007（1）：14－16.

［51］林伯强，刘希颖．中国城市化阶段的碳排放：影响因素和减排策略［J］．经济研究，2010（8）：66－78.

［52］林黎．我国征收碳税的影响及对策分析［J］．价格理论与实践，2010（11）：62－63.

［53］林莉，薛菁．碳税政策实践的国际经验及国内路径选择［J］．福建论坛（人文社会科学版），2015（6）：71－77.

［54］林桢．碳税开征对可持续发展的影响——结合河南省实际情况［J］．人民论坛，2011（3）：122－123.

［55］林桢．碳税开征对地方经济可持续发展的影响及对策——以河南省为例［J］．中央财经大学学报，2011（3）：6－9.

［56］刘辉．征收环境税的必要性及其经济影响［J］．中国财政，2009（24）：62－64.

［57］刘洁，李文．征收碳税对中国经济影响的实证［J］．中国人口·资源与环境，2011（9）：99－104.

［58］刘军，刘璇．我国各省人力资本的比较研究［J］．经济纵横，2010（4）：56－59.

［59］刘小川，汪曾涛．二氧化碳减排政策比较以及我国的优化选择［J］．上海财经大学学报，2009（4）：73－80.

［60］刘艳萍．产业集聚、企业规模与全要素生产率增长——基于长三角制造业行业面板数据的分析［J］．技术经济，2010（2）：54－59.

［61］刘宇，肖宏伟，吕郢康．多种税收返还模式下碳税对中国的经济影响——基于动态CGE模型［J］．财经研究，2015（1）：35－48.

［62］娄峰．碳税征收对我国宏观经济及碳减排影响的模拟研究［J］．数量经济技术经济研究，2014（10）：84－96.

[63] 鲁峰，朱艳娟，刘沈丽，李明．碳税预期对企业的经济影响及其对策问题研究 [J]．武汉航海职业技术学院学报，2010 (4)：29 – 34.

[64] 吕炜，高晶．产业集中度与产业盈利水平关系的研究 [J]．郑州航空工业管理学院学报，2007 (2)：71 – 74.

[65] 马克思．资本论 [M]．北京：人民出版社，1975.

[66] 马歇尔．经济学原理（上卷）[M]．北京：商务印书馆，1981.

[67] 马有江，程志芬．谈科学技术进步与能源开发利用 [J]．节能技术，2001 (6)：13 – 18.

[68] 苗东升．系统科学大学讲稿 [M]．北京：中国人民大学出版社，2007.

[69] 潘静，高辉．关于我国开征碳税相关问题的思考 [J]．当代经济，2010 (14)：86 – 87.

[70] 彭红枫，吴阳．碳税对我国区域经济发展的影响 [J]．技术经济，2011 (2)：88 – 92.

[71] 彭艺辉．柳钢能耗指标同行对比及措施 [J]．广西节能，2005 (4)：40 – 43.

[72] 齐志新，陈文颖．结构调整还是技术进步？——改革开放后我国能源效率提高的因素分析 [J]．上海经济研究，2006 (6)：8 – 16.

[73] 秦美峰．国际低碳税收政策经验及对我国的启示 [J]．商业会计，2012 (18)：6 – 8.

[74] 商凯．促进我国二氧化碳减排的碳税政策研究 [D]．山东大学硕士毕业论文，2009.

[75] 沈田华，彭珏．环境税经济效应的扩展分析及其政策启示 [J]．财经问题研究，2011 (1)：101 – 108.

[76] 史彦波．我国城市开征碳税问题研究 [D]．中央财经大学硕士毕业论文，2010.

[77] 司言武．环境税经济效应研究 [M]．北京：光明日报出版社，2009.

[78] 宋健．现代科学技术基础知识 [M]．北京：科学出版社、中共中央党校出版社，1994：57 – 58.

[79] 苏明，傅志华，许文，王志刚，李欣，梁强．关于我国开征碳税的

几个问题［J］. 中国金融，2009（24）：40－41.

［80］苏明，傅志华，许文，王志刚，李欣，梁强. 碳税的国际经验与借鉴［J］. 经济研究参考，2009（72）：17－23.

［81］苏明，傅志华，许文，王志刚，李欣，梁强. 我国开征碳税的效果预测和影响评价［J］. 经济研究参考，2009（72）：24－28.

［82］苏明，傅志华，许文，王志刚，李欣，梁强. 我国开征碳税问题研究［J］. 经济研究参考，2009（72）：2－16.

［83］苏明，傅志华等. 中国开征碳税理论与政策［M］. 北京：中国环境科学出版社，2011.

［84］苏相锟，张冀男. 我国产业组织结构存在的问题及对策［J］. 长白学刊，1998（6）：42－44.

［85］孙明贵. 战后日本产业政策的特点和成功经验［J］. 现代日本经济，2000（4）：1－4.

［86］孙天琦. 目前我国产业组织问题研究［J］. 当代经济科学，1999（6）：49－55.

［87］唐安宝，李星敏. 能源价格与技术进步对我国能源效率影响研究［J］. 统计与决策，2014（15）：98－101.

［88］唐敖庆，张长城. 科学技术和社会主义现代化建设——学习马克思关于科学技术社会作用的理论［J］. 吉林大学社会科学学报，1983（3）：1－9.

［89］唐滨源. 钢铁企业能耗与经济效益问题的研究［J］. 冶金能源，1998（2）：10－14.

［90］滕泰，羿伟强，赵虹，杨东华. 全球大宗商品供求价格弹性分析［J］. 世界经济研究，2006（6）：59－64.

［91］汪曾涛. 碳税征收的国际比较与经验借鉴［J］. 理论探索，2009（4）：68－71.

［92］王冰凝. 钢铁业 2015 年利用率不足 67%，过剩产能越来越庞大［N］. 华夏时报，2016－3－5.

［93］王灿，陈吉宁，邹骥. 基于 CGE 模型的 CO_2 减排对中国经济的影响［J］. 清华大学学报（自然科学版），2005（12）：1621－1624.

［94］王金南，严刚，姜克隽，刘兰翠，杨金田，葛察忠. 应对气候变化

的中国碳税政策研究［J］．中国环境科学，2009（1）：101－105．

［95］王俊杰，史丹，张成．能源价格对能源效率的影响——基于全球数据的实证分析［J］．经济管理，2014（12）：13－23．

［96］王磊．浅析碳税、碳交易与中国低碳经济的发展［A］．中国科学技术协会学会、福建省人民政府．经济发展方式转变与自主创新——第十二届中国科学技术协会年会（第二卷）［C］．中国科学技术协会学会、福建省人民政府，2010．

［97］王淑芳．碳税对我国的影响及其政策响应［J］．生态经济，2005（10）：66－69．

［98］王亚．我国钢铁主营业上市公司生产效率分析——基于DEA的实证研究［D］．山东大学硕士毕业论文，2009．

［99］王政．钢铁业产能过剩1.9亿吨，工信部呼吁三年别建新项目［N］．人民日报，2009－8－13．

［100］魏权龄．数据包络分析［M］．北京：科学出版社，2004：1－50．

［101］魏涛远，格罗姆斯洛德．征收碳税对中国经济与温室气体排放的影响［J］．世界经济与政治，2002（8）：47－49．

［102］吴汉洪，王刚．我国企业规模经济现状及实现途径［J］．经济理论与经济管理，2001（9）：37－42．

［103］吴盼盼，刘以，何秋阳，焦贤胜．碳税理论实践问题研究综述［J］．现代商贸工业，2011（5）：196－197．

［104］吴延兵．企业规模、市场力量与创新：一个文献综述［J］．经济研究，2007（5）：125－138．

［105］吴玉华．DEA方法与生产函数比较［J］．系统工程，1995（3）：15－19．

［106］武亚军，宣晓伟．环境税经济理论及中国的应对分析［M］．北京：经济科学出版社，2002．

［107］［美］西奥多·舒尔茨．人力资本投资——教育和研究的作用［M］．北京：商务印书馆，1990．

［108］夏天白．我国碳税机制分析［J］．东方企业文化，2011（10）：125．

［109］夏小林．日本产业组织构造：企业下承包制［J］．改革，1988

(1)：183-186.

[110] 邢江波．低碳经济背景下开征碳税的相关问题探讨[J]．会计之友，2011 (24)：97-99.

[111] 邢丽．开征环境税：结构性减税中的“加法”效应研究[J]．税务研究，2009 (7)：9-13.

[112] 邢丽．碳税的国际协调[M]．北京：中国财政经济出版社，2010：29-38.

[113] 邢丽．碳税国际协调的理论综述[J]．经济研究参考，2010 (44)：40-49.

[114] 熊金超，常志鹏．淘汰钢铁落后产能待“重拳”[N]．中国证券报，2007-9-26.

[115] 徐胜，李晓璐．我国工业能源效率及其影响因素分析[J]．统计与决策，2015 (18)：135-138.

[116] 亚当·斯密．国民财富的性质和原因的研究（上卷）[M]．北京：商务印书馆，1972.

[117] 阎康年．三次技术革命和两次产业革命的历史经验[J]．世界历史，1985 (4)：1-9.

[118] 杨翱，刘纪显．模拟征收碳税对我国经济的影响——基于DSGE模型的研究[J]．经济科学，2014 (6)：53-66.

[119] 杨超，王锋，门明．征收碳税对二氧化碳减排及宏观经济的影响分析[J]．统计研究，2011 (7)：45-54.

[120] 杨蕙馨．从进入退出角度看中国产业组织的合理化[J]．东南大学学报（哲学社会科学版），2000 (4)：11-15.

[121] 杨蕙馨．产业组织理论[M]．北京：经济科学出版社，2007.

[122] 杨家兵，吴利华．基于DEA的钢铁行业上市公司效率评价[J]．工业技术经济，2006 (2)：90-93.

[123] 杨魁，董雅丽．论我国产业组织结构的历史演变及当前的政策取向[J]．兰州大学学报（社会科学版），2000 (2)：5-11.

[124] 姚昕，刘希颖．基于增长视角的中国最优碳税研究[J]．经济研究，2010 (11)：48-58.

[125] 冶金工业规划研究院．近年我国钢铁行业用煤情况[EB/OL].

http：//coal. in - en. com/html/coal - 2319461. shtml.

［126］殷醒民．西方产业集中度与市场效率理论评述［J］．经济学动态，1996（3）：63 - 66.

［127］尹来武．环境保护税收政策的国际实践及借鉴［J］．税务与经济，2007（5）：101 - 103.

［128］于君博，舒志彪．企业规模与创新产出关系的实证研究［J］．科学学研究，2007（2）：373 - 380.

［129］于淞楠．中国重点钢铁企业的规模经济分析［J］．哈尔滨商业大学学报（自然科学版），2004，20（5）：625 - 628.

［130］于维生，张志远．中国碳税政策可行性与方式选择的博弈研究［J］．中国人口·资源与环境．2013（6）．

［131］约翰·穆勒．政治经济学原理［M］．北京：商务印书馆，1991.

［132］张会敏，顾六宝．中国碳税制度对经济增长与能源结构的影响研究［J］．湖南社会科学，2015（3）：111 - 114

［133］张金艳，杨永聪．瑞典碳税对产业结构水平影响的实证分析［J］．战略决策研究，2011（2）：18 - 22.

［134］张明文，张金良，谭忠富，王东海．碳税对经济增长、能源消费与收入分配的影响分析［J］．技术经济，2009（6）：48 - 51.

［135］张明喜．我国开征碳税的 CGE 模拟与碳税法条文设计［J］．财贸经济，2010（3）：61 - 66.

［136］张绮萍．当前我国产业组织结构存在的主要问题及政策导向——以我国企业兼并为例［J］．惠州学院学报（社会科学版），2011（4）：43 - 46.

［137］张晓娣，刘学悦．征收碳税和发展可再生能源研究——基于 OLG - CGE 模型的增长及福利效应分析［J］．中国工业经济，2015（3）：18 - 30.

［138］张晓盈，钟锦文．我国开征二氧化碳排放税的几点思考［J］．经济纵横，2010（8）：71 - 75.

［139］张紫东．论税负转嫁的影响因素及社会效应［J］．财经问题研究，1998（2）：56 - 58.

［140］赵丹宁．中、日、韩三国钢铁业与经济发展规律关系辨析［J］．

山东冶金，2009（6）：64－66.

［141］赵国杰，郝清民．中国钢铁企业规模经济性的数据包络分析［J］．钢铁，2003（2）：72－74.

［142］赵苏．基于DEA模型的国内上市钢铁企业效率研究［J］．现代商业，2011（15）：162－163.

［143］赵玉焕，范静文．碳税对能源密集型产业国际竞争力影响研究［J］．中国人口·资源与环境，2012（6）：45－51.

［144］中国产业洞察网．钢铁行业能源消耗分析［EB/OL］．http：//www.51report.com/invest/3058447.html.

［145］中国气候变化国别研究组．中国气候变化国别研究［M］．北京：清华大学出版社，2000：305.

［146］中研网．全球钢铁工业发展新阶段认识［EB/OL］．http：//www.chinairn.com/news/20140418/104234256.shtml.

［147］周秉利，张群．我国钢铁产业规模经济问题分析［J］．冶金经济与管理，2011（2）：14－17.

［148］周丹，赵子健．基于地区CGE模型的碳税效应研究——以上海为例［J］．生态经济，2015（4）：24－28.

［149］周晟吕，石敏俊，李娜，袁永娜．碳税对于发展非化石能源的作用——基于能源—环境—经济模型的分析［J］．自然资源学报，2012（7）：1101－1111.

［150］周艳．对碳税问题的研究［J］．会计之友（中旬刊），2010（3）：99－100.

［151］周莹莹，刘传哲．基于DEA模型的钢铁业上市公司经营绩效评价［J］．工业技术经济，2007（S1）：71－75.

［152］朱永彬，刘晓，王铮．碳税政策的减排效果及其对我国经济的影响分析［J］．中国软科学，2010（4）：1－9.

［153］Almutairi H，Elhedhli S，Almutairi H，et al. Modeling，Analysis，and Evaluation of a Carbon Tax Policy Based on the Emission Factor［J］．Computers & Industrial Engineering，2014，77（C）：88－102.

［154］Bain J S. Barries to New Competition［M］．Boston：Harvard University Press，1956.

[155] Banker R D. Estimating Most Productive Scale Size Using Data Envelopment Analysis [J]. European Journal of Operational Research, 1984, 17 (1): 35 -44.

[156] Baranzini A, Goldemberg J, Speck S. A Future for Carbon Taxes [J]. Ecological Economics, 2000, 32 (3): 395 -412.

[157] Barrow C. The Essence of Small Business [M]. London: Prentice Hall Europe, 1993.

[158] Baumol W J, Oates W E. The Use of Standards and Prices for Protection of the Environment [J]. Swedish Journal of Economics, 1971, 73 (1): 42 -54.

[159] Bovenberg A L, Mooij R A D. Environmental Levies and Distortionary Taxation [J]. American Economic Review, 1994 (94): 1085 -1089.

[160] Bovenberg A L. Environmental Taxes and the Double Dividend [J]. Empirica, 1998, 25 (25): 15 -35.

[161] Bruvoll A, Larsen B M. Greenhouse Gas Emissions in Norway: Do Carbon Taxes Work? [J]. Energy Policy, 2004 (32).

[162] Burrows. The Economic Theory of Pollution Control [M]. Guildford: Billings and Sons limited, 1979.

[163] Charnes A, Cooper W W, Rhodes E. Measuring the Efficiency of Decision Making Units [J]. European Journal of Operational Research, 1978, 2 (6): 429 -444.

[164] Cheng F L, Lin S J, Lewis C. Analysis of the Impacts of Combining Carbon Taxation and Emission Trading on Different Industry Sectors [J]. Energy Policy, 2008, 36 (2): 722 -729.

[165] Floros N, Vlachou A. Energy Demand and Energy - related CO_2 Emissions in Greek Manufacturing: Assessing the Impact of a Carbon Tax [J]. Energy Economics, 2005, 27 (3): 387 -413.

[166] Geroski P A. Market Dynamics and Entry [M]. Oxford UK and Cambridge USA: Blackwell, 1991.

[167] Hall M, Tideman N. Measures of Concentration [J]. Journal of the American Statistical Association, 2012, 62 (317): 162 -168.

[168] Klimenko V V, Mikushina O V, Tereshin A G. Do We Really Need a Carbon Tax? [J]. Applied Energy, 1999, 64 (1-4): 311-316.

[169] Liang Q M, Fan Y, Wei Y M. Carbon Taxation Policy in China: How to Protect Energy- and Trade-intensive Sectors? [J]. Journal of Policy Modeling, 2007, 29 (2): 311-333.

[170] Pearce D. The Role of Carbon Taxes in Adjusting to Global Warming [J]. Economic Journal, 1991, 101 (407): 938-948.

[171] Pigou A. C. The Economics of Welfare (4th Edition) [M]. London: Macmillan, 1932.

[172] Theodore W, Schultz. Investment in Human Capital [J]. American Economic Review, 1961, 51 (1): 1-17.

[173] Wissema W, Dellink R. A CGE Analysis of the Impact of a Carbon Energy Tax on the Irish Economy [J]. Ecological Economics, 2014 (61): 671-683.

后 记

本书是教育部人文社会科学研究项目规划基金项目“碳税、规模经济与重工业产业组织结构的调整：以钢铁业为例”（项目编号：11YJA790011）的结项成果。正是由于教育部人文社会科学研究项目的资助，我们才能够就碳税征收对重工业产业组织结构的影响及对策进行研究。碳税征收估计在短时间内难以付诸实践，但如果现在不对其效应和对策进行深入研究，我们就将失去将其付诸实施的可能性，而在很多学者眼中，碳税征收会是促进节能环保和经济增长的重要举措。

本书能够出版，要特别感谢首都经济贸易大学出版社，尤其要感谢总编杨玲老师。首都经济贸易大学出版社和杨玲总编对于中国政法大学商学院的科研发展做出了很大的贡献！本书的责任编辑为本书的出版做了细致而辛苦的工作，在此致以敬意和感谢！

本项目的研究是本人及指导的研究生共同完成的。在项目研究期间，由于担任学院行政工作耽误了一些时间，本项目的研究持续了近5年时间。本人指导的7届研究生参与了本项目的研究工作，他们是中国政法大学商学院政治经济学专业硕士研究生2009级的靳晓静、孙怡，2010级的谷雨璐、陈铖，2011级的邵雪松、李丽，2012级的谭微、王彦旭，2013级的王萌，2014级的曹冰洁、答家丽，2015级的闫丽婷；商学院区域经济学专业硕士研究生2014级的许梓，2015级的李若雯；北京林业大学经济管理学院物业管理专业2015级硕士研究生甘露纯等。同学们在收集资料和数据、调研等方面做了大量的工作，很多同学还参加了结项成果的撰写工作，包括：李若雯、闫丽婷、甘露纯撰写了理论综述的部分内容，靳晓静撰写了规模经济的来源、产业组织结构与规模经济的关系、碳税征收、产业集中度与规模经济效应等的部分内容，谭微、曹冰洁撰写了规模经济的测度的部分内容，李若雯撰写了征收碳税后重工业企业能源效率的提高的部分内容；闫丽婷、李若雯和甘露纯在不同碳税方案对于钢铁企业的影响的研究中，对我国10家钢铁企业的情况做了数据收集工作和调研工作。可以说，本项目的研究过程是本人和参与研究的同学们共同成长的过程，在研究中，既有艰辛，也有乐趣。研究不但提高了同学们的研究能力，也增进了大家的感情。在课题研究中，本人也得以进一步思考研究生培养的模式和方式，对于一个老师，培养学生应该是一个更加重要的任务；当我们能够用自己的工作为学生的成长做出贡献，能够在其人生道路上留下印记的时候，还有比这更幸福和值得骄傲的吗？

艰苦的教学、行政和研究工作得以顺利进行，要感谢家人的陪伴和支持！在本书的写作过程中，我的父亲离开了我们。在父亲生病期间，停下手中的研究工作陪在他身边，使我能够更进一步地了解和理解他！父亲的离开改变我很多，缅怀父亲的养育和教育之恩，使我更觉亲情的可贵！谨以此书献给我的父亲！